A LIBRARY OF
DOCTORAL DISSERTATIONS
IN SOCIAL SCIENCES IN CHINA

中国社会科学博士论文文库

金融发展与收入分配差距：
基于马克思主义金融资本理论的视角

Financial Development and Income Distribution Gap:
Based on the Perspective of Marxism Financial Capital Theory

张方波　著
导师　陈享光

中国社会科学出版社

图书在版编目（CIP）数据

金融发展与收入分配差距：基于马克思主义金融资本理论的视角 / 张方波著 . —北京：中国社会科学出版社，2020.10
（中国社会科学博士论文文库）
ISBN 978 - 7 - 5203 - 7274 - 9

Ⅰ.①金… Ⅱ.①张… Ⅲ.①金融事业—经济发展—影响—国民收入分配—研究—中国 Ⅳ.①F124.7

中国版本图书馆 CIP 数据核字（2020）第 180515 号

出 版 人	赵剑英	
责任编辑	黄 晗	
责任校对	季 静	
责任印制	李寡寡	
出　　版	中国社会科学出版社	
社　　址	北京鼓楼西大街甲 158 号	
邮　　编	100720	
网　　址	http://www.csspw.cn	
发 行 部	010 - 84083685	
门 市 部	010 - 84029450	
经　　销	新华书店及其他书店	
印　　刷	北京明恒达印务有限公司	
装　　订	廊坊市广阳区广增装订厂	
版　　次	2020 年 10 月第 1 版	
印　　次	2020 年 10 月第 1 次印刷	
开　　本	710 × 1000　1/16	
印　　张	12.25	
插　　页	2	
字　　数	206 千字	
定　　价	68.00 元	

凡购买中国社会科学出版社图书，如有质量问题请与本社营销中心联系调换
电话：010 - 84083683
版权所有　侵权必究

《中国社会科学博士论文文库》
编辑委员会

主　　任：李铁映
副 主 任：汝　信　江蓝生　陈佳贵
委　　员：(按姓氏笔画为序)
　　　　　王洛林　王家福　王缉思
　　　　　冯广裕　任继愈　江蓝生
　　　　　汝　信　刘庆柱　刘树成
　　　　　李茂生　李铁映　杨　义
　　　　　何秉孟　邹东涛　余永定
　　　　　沈家煊　张树相　陈佳贵
　　　　　陈祖武　武　寅　郝时远
　　　　　信春鹰　黄宝生　黄浩涛
总 编 辑：赵剑英
学术秘书：冯广裕

总　序

在胡绳同志倡导和主持下，中国社会科学院组成编委会，从全国每年毕业并通过答辩的社会科学博士学位论文中遴选优秀者纳入《中国社会科学博士论文文库》，由中国社会科学出版社正式出版，这项工作已持续了 12 年。这 12 年所出版的论文，代表了这一时期中国社会科学各学科博士学位论文水平，较好地实现了本文库编辑出版的初衷。

编辑出版博士文库，既是培养社会科学各学科学术带头人的有效举措，又是一种重要的文化积累，很有意义。在到中国社会科学院之前，我就曾饶有兴趣地看过文库中的部分论文，到社科院以后，也一直关注和支持文库的出版。新旧世纪之交，原编委会主任胡绳同志仙逝，社科院希望我主持文库编委会的工作，我同意了。社会科学博士都是青年社会科学研究人员，青年是国家的未来，青年社科学者是我们社会科学的未来，我们有责任支持他们更快地成长。

每一个时代总有属于它们自己的问题，"问题就是时代的声音"（马克思语）。坚持理论联系实际，注意研究带全局性的战略问题，是我们党的优良传统。我希望包括博士在内的青年社会科学工作者继承和发扬这一优良传统，密切关注、深入研究 21 世纪初中国面临的重大时代问题。离开了时代性，脱离了社会潮流，社会科学研究的价值就要受到影响。我是鼓励青年人成名成家的，这是党的需要，国家的需要，人民的需要。但问题在于，什么是名呢？名，就是他的价值得到了社会的承认。如果没有得到社会、人民的承认，他的价值又表现在哪里呢？所以说，价值就在于对社会重大问题的回答和解决。一旦回答了时代性的重大问题，就必然会对社会产生巨大而深刻的影响，你也因此而实现了你的价值。在这方面年轻的博士有很大的优势：精力旺盛，思维敏捷，勤于学习，勇于创新。但青年学者要多向老一辈学者学习，博士尤其要很好地向导师学习，在导师的指导下，发挥自己的优势，研究重大问题，就有可能出好的成果，实现自己的价值。过去12年入选文库的论文，也说明了这一点。

什么是当前时代的重大问题呢？纵观当今世界，无外乎两种社会制度，一种是资本主义制度，另一种是社会主义制度。所有的世界观问题、政治问题、理论问题都离不开对这两大制度的基本看法。对于社会主义，马克思主义者和资本主义世界的学者有很多的研究和论述；对于资本主义，马克思主义者和资本主义世界的学者也有过很多研究和论述。面对这些众说纷纭的思潮和学说，我们应该如何认识？从基本倾向看，资本主义国家的学者、政治家论证的是资本主义的合理性和长期存在的"必然性"；中国的马克思主义者，中国的社会科学工作者，当然要向世界、向社会讲清楚，中国坚持走自己的路一定能实现现代化，中华民族一定能通过社会主义来实现全面的振兴。中国的问题只能由中国人用自己的理论来解决，让外国人来解决中国的问题，是行不通的。也许有的同志会说，马克思主义也是外来的。但是，要知道，马克思主义只是在中国化了以后才解决中国的问题的。如果没有马克思主义的普遍原理与中国革命和建设的实际相结合而形成的毛泽东思想、邓小平理论，马克思主义同样不能解决中国的问题。教条主义是不行的，东教条不行，西教条也不行，什么教条都不行。把学问、理论当教条，本身就是反科学的。

21世纪，人类所面对的最重大的问题仍然是两大制度问题：这两大制度的前途、命运如何？资本主义会如何变化？社会主义怎么发展？中国特色的社会主义怎么发展？中国学者无论是研究资本主义，还是研究社会主义，最终总是要落脚到解决中国的现实与未来问题上。我看中国的未来的问题就是如何保持长期的稳定和发展。只要能长期稳定，就能长期发展；只要能长期发展，中国的社会主义现代化就能实现。

什么是 21 世纪的重大理论问题？我看还是马克思主义的发展问题。我们的理论是为中国的发展服务的，绝不是相反。解决中国问题的关键，取决于我们能否更好地坚持和发展马克思主义，特别是发展马克思主义。不能发展马克思主义也就不能坚持马克思主义。一切不发展的、僵化的东西都是坚持不住的，也不可能坚持住。坚持马克思主义，就是要随着实践，随着社会、经济各方面的发展，不断地发展马克思主义。马克思主义没有穷尽真理，也没有包揽一切答案。它所提供给我们的，更多的是认识世界、改造世界的世界观、方法论、价值观，是立场，是方法。我们必须学会运用科学的世界观来认识社会的发展，在实践中不断地丰富和发展马克思主义，只有发展马克思主义才能真正坚持马克思主义。我们年轻的社会科学博士们要以坚持和发展马克思主义为己任，在这方面多出精品力作。我们将优先出版这种成果。

李铁映

2001 年 8 月 8 日于北戴河

摘　　要

改革开放以来，中国金融呈现长足发展的态势。金融工具和金融资产的数量和种类快速增加，金融机构及其业务不断拓宽，各种金融机构如银行与非银行机构之间业务出现交叉，金融市场的发展快速推进，股票市场和债券市场配置金融资源的功能进一步完善。与此同时，中国的居民收入差距越来越大，这表现在城乡二元结构、东中西部区域结构、行业结构和所有制结构上。由此产生了金融发展是否导致居民收入差距、如何导致以及在多大程度上导致居民收入差距的问题，本书对此进行了理论分析和实证检验。

马克思在《资本论》（第3卷）对金融资本的形成、运动和积累与剩余价值分割的关系所作的分析，以及列宁和希法亭对金融资本所阐述的自己的观点，对于梳理马克思金融发展理论都具有重要的作用。同时，西方金融发展理论对收入分配也作了阐述。此外，鉴于中国的金融发展具有特殊的情况，因此有必要对两种理论进行拓展，以便得出本书的研究框架。

根据马克思金融发展理论可以将中国金融发展的特征界定为货币化、货币资本化和虚拟资本化并存，并且货币化和货币资本化与居民收入差距的关联度为0.55，低于虚拟资本化与居民收入差距的关联度0.69，这与中国目前是银行主导型的金融体系和资本市场发展较慢的现实是符合的。

在中国，政府对经济金融的干预依然存在。政府通过主导金融体制改革直接对金融发展施加影响。政府基于自身的效用函数、经济理性等考量，通过存款准备金率、存贷利率差和信贷规模等方式干预银行的发展，同时对股票市场和债券市场也进行了干预，此外通过发行国债参与到宏观收入分配中，由此对居民收入分配产生了间接影响和直接影响。

金融发展对收入差距直接产生作用，这不仅表现在金融发展过程中规模总量扩大以及金融资产交易带来的收入差距效应，而且表现在金融功能与收入分配和收入差距的天然联系上。同时，金融发展的稳定性与脆弱性也对收入分配格局和收入差距产生了重要影响，稳定的金融发展对收入差距具有缓解作用，而金融脆弱性（更为直接的是金融危机）则扩大了居民间的收入差距。另外，金融发展通过影响客观生产条件和主观生产条件进而导致因生产条件不同而带来收入差距，这是金融发展的间接效应。

鉴于各省货币资本化特征的差异性，构建省际面板计量模型研究货币资本化对收入分配差距的影响，发现货币资本化程度较高的省份有助于缩小居民收入差距，部分省份货币资本化程度较低则产生相反的效应。

虽然中国金融体系是银行主导型的，但中国金融发展中的虚拟资本化特征也很明显。虚拟资本的不同之处在于它不像货币资本那样承载于某一具体的金融机构，而是承载于全国范围。因此中国虚拟资本化程度与收入分配差距之间的实证分析就着眼于全国而不是省际间。构建一个包括虚拟资本市场发展与收入差距的数理模型，分析表明不同企业通过资本市场的融资规模会产生差距，进而会导致劳动力工资性收入出现差距。同时 VAR 模型的计量分析认为债券市场的发展在拉大城乡收入差距方面要大于股票市场的发展。股票市场发展的滞后 1 期变量的系数为 0.802，即股票市场发展每增加 1 个单位导致城乡居民收入差距变动 0.802 个单位，而债券市场发展的滞后 1 期变量的系数为 4.910，债券市场发展每增加 1 个单位导致城乡居民收入差距变动 4.910 个单位。

中国的金融发展道路任重而道远。政府应向公共服务型和市场增进型的角色转变，以消除政府基于主观因素对金融发展的干预。同时，应积极推进完善存贷款利率市场化进程，以便使货币资本和虚拟资本的运动和积累更加顺畅。另外，进一步健全金融组织体系，除了进一步加快国有银行等金融中介机构的改革外，应发展多种形式的金融中介机构，建立适应中小企业和民营企业的股份制商业银行以降低融资难度；鼓励发展农村商业银行、农村信用合作社、资金互助社、村镇银行以及小额贷款公司等，加大对涉农领域和对涉农企业的信贷力度。这些政策措施对于处在融资弱势的微观主体如中小企业、民营企业和农民来说是很重要的，有助于改善他们的生产条件，从而缓解收入差距过大的问题。

关键词：金融发展；货币化；货币资本化；虚拟资本化；收入分配差距

Abstract

The financial development of China is considerably growing, since the reform and opening up. The number and types of financial instruments and financial assets are increasing and expanding rapidly. Financial institutions continue to broaden and expand their business, and the operations from various financial institutions between banks and non-bank financial institutions appear to overlap. Further more, the development of financial markets is fast forwarding, and the function of allocating resources of stock market and bond market is further improving. At the same time, the income gap among residents is growing larger and larger, which is reflected on the urban-rural dual structure, East-Mid-West regional structure, industrial structure and ownership structure. So the topics on whether financial development cause the income gap among residents, and on how to and to what extent lead to the income gap are engendered, theoretical analysis and empirical testing in this dissertation are conducted to deal with them.

In the third volume of "Das Kapital", Marx analyze the relation between the formation, movement and accumulation of financial capital and dividing surplus value, Lenin and Hilferding also elaborate their views on the issue of financial capital. All of these play an important role in sorting the Marx's financial development theory. Meanwhile, the Western financial development theory also elaborate the issues on income distribution. Moreover, considering China's financial development is characterized with special circumstances, it is necessary to expand the two type of theory in order to derive research framework in this doctoral dissertation.

According to Marx's financial development theory, the characteristics of current financial development in China can be defined as the coexistence of monetization, currency capitalization and virtual capitalization, and the correlation degree between monetization, currency capitalization and the income gap is 0.55, which is lower than the the correlation degree 0.69 between virtual capitalization and the income gap. The result is in line with the reality that China is endowed with the bank-based financial system and the development of capital market is slower.

In China, government's intervention on economy and finance is still existing. Government exerts influence on the financial development directly through dominating the financial system reform. Government intervene the development of bank intermediations through Reverse, the spread of deposit and loan interest, and the credit scale based on the government's own utility function and considerations of economic rationality. Furthermore, stock market and bond market is also intervened by government. In addition, government participate in the macroscopic income distribution by issuing National debt. Whereby the government exerts indirect effects and direct impacts on the income distribution among residents.

Financial development have a direct effect on the income gap among residents, which is not only reflected in the the total scale of financial assets and the attendant trading for financial assets, but also in the natural connection between the financial function and income distribution and gap. Meanwhile, the stability and vulnerability of financial development also influence the income distribution and income inequality. In total, the stability of financial development is contributed to narrow the income gap while financial fragility (such as financial crisis) can be expanding the income gap among residents. In addition, financial development can exert an indirect effect on the income gap among residents through influencing of objective production conditions and subjective production conditions which are significant for increasing residents' income.

According to the diverse currency capitalization in different provinces, an inter-provincial panel econometric model is built to study the impact of the degree of currency capitalization on the income gap for empirical testing. The result reveals the income distribution gap can be narrowed in the areas where the degree of currency capitalization is high while expanded where the degree of currency capitalization is low.

While China's financial system is bank-based, the feature of the virtual capitalization in China's the development financial capital is evident. The difference between virtual capitalization and currency is that currency capital is hosted in a specific financial institution while it is hosted in the country. Therefore, empirical analysis of the effect ofthe degree of virtual capitalization on income gap is to focus on the country rather than inter-provincial. Then, a mathematical model including virtual capital market development and salary income gap is employed for interpretation. The analysis shows different scales of money enterprises acquire through capital market will in turn lead to wage income gap. After that VAR model deals with that the development of bond market is stronger than the development of stock market in widening income gap between urban and rural areas. The coefficient of the one periods lagged variable of the development of stock market is 0.802, namely the change by each additional unit of stock market development results in changes by 0.802 units of income gap between urban and rural residents, while the coefficient of the one periods lagged variable of the development of stock market is 4.910, that is to say, the change by each additional unit of bond market development results in changes by 4.910 units of income gap between urban and rural residents.

There is long way to go for China's financial development. Government should convert to public service-oriented and market-based role, so as to eliminate government's intervention in financial developmentbased on subjective factors. At the same time, we should actively promote and improve the marketization process of deposit and loan interest rates, so as to make the movement and accumulation of currency capital and virtual capital more smoothly. In addition, it is necessary to improve financial organization system further. Various forms of financial intermediaries can be established apart from further accelerating the reform of state-owned banks. So joint-stock commercial banks which is suited for small and medium enterprises can reduce the difficulty of acquire credit funds. Rural commercial banks, rural credit cooperatives, mutual cooperatives, village banks and small loan companies should be encouraged and the credit funds which is applied to agricultural areas and agribusiness be strengthened. These policies and measures are extraordinarily significant for subjects such as micro-SMEs, private enterprises and farmers to help improve their production conditions, thus ease the large income gap among residents.

Keywords: Financial Development; Monetization; Currency Capitalization; Virtual Capitalization; Income Distribution Gap

目　　录

第一章　导论 …………………………………………………………（1）
　第一节　研究背景与研究意义 ………………………………………（1）
　　一　研究背景 …………………………………………………（1）
　　二　研究意义 …………………………………………………（3）
　第二节　相关概念界定 ………………………………………………（3）
　　一　金融资本 …………………………………………………（3）
　　二　金融发展 …………………………………………………（4）
　　三　收入分配 …………………………………………………（5）
　第三节　文献综述 ……………………………………………………（6）
　　一　国外关于金融发展与收入分配差距的研究 ……………（6）
　　二　国内关于金融发展与收入分配差距的研究 ……………（20）
　第四节　研究思路和研究方法 ………………………………………（25）
　　一　研究思路 …………………………………………………（25）
　　二　研究方法 …………………………………………………（26）
　第五节　研究内容 ……………………………………………………（26）
　第六节　研究创新与不足 ……………………………………………（28）
　　一　研究中可能存在的创新之处 ……………………………（28）
　　二　研究中存在的不足 ………………………………………（28）
　第七节　本章小结 ……………………………………………………（29）

第二章　金融发展与收入分配差距的理论分析 ……………………（30）
　第一节　马克思关于金融发展与收入分配差距的
　　　　　相关理论基础 ………………………………………………（30）
　　一　金融发展与货币化 ………………………………………（31）

二　金融发展与货币资本化 …………………………………… (32)
　　三　金融发展与虚拟资本化 …………………………………… (35)
　　四　对本节的总结 ……………………………………………… (37)
第二节　列宁和希法亭对金融发展与剩余价值
　　　　分割的分析 ………………………………………………… (38)
第三节　金融发展与收入分配差距——西方金融
　　　　发展理论的分析 …………………………………………… (40)
　　一　格利基于金融发展理论的分析 …………………………… (40)
　　二　麦金农基于金融抑制理论的分析 ………………………… (41)
　　三　戈德史密斯基于金融结构理论的分析 …………………… (42)
　　四　肖基于金融深化理论的分析 ……………………………… (43)
　　五　斯蒂格利茨等基于金融约束理论的分析 ………………… (45)
第四节　本书的研究框架 ………………………………………… (46)
第五节　本章小结 ………………………………………………… (48)

第三章　中国金融发展与收入分配差距的特征事实 ………… (50)

第一节　中国金融发展的总体特征 ……………………………… (50)
　　一　中国的货币化特征 ………………………………………… (50)
　　二　中国的货币资本化特征 …………………………………… (53)
　　三　中国的虚拟资本化特征 …………………………………… (56)
　　四　本节的小结 ………………………………………………… (58)
第二节　中国金融发展的结构分析 ……………………………… (59)
第三节　中国居民的收入差距 …………………………………… (63)
　　一　中国城乡收入差距的总体概貌 …………………………… (64)
　　二　按收入等级来分析城乡收入水平差距 …………………… (65)
　　三　按收入来源来分析城乡收入水平差距 …………………… (66)
第四节　中国金融发展与收入差距的动态相关性 ……………… (68)
　　一　灰色关联模型（GM）的适用性 ………………………… (68)
　　二　灰色关联模型（GM）分析 ……………………………… (68)
　　三　中国金融发展与收入差距动态相关性的测度 …………… (69)
第五节　本章小结 ………………………………………………… (71)

第四章 政府在金融发展中的作用：一个扩展分析 …………（72）
  第一节 政府干预金融发展的原因 …………………………（73）
    一 政府干预金融发展的主观原因 ……………………（73）
    二 政府干预金融发展的客观原因 ……………………（76）
  第二节 政府对银行中介机构的干预 ………………………（79）
    一 通过存款准备金 ……………………………………（79）
    二 通过存贷利差 ………………………………………（81）
    三 通过信贷 ……………………………………………（84）
  第三节 政府对资本市场的干预 ……………………………（85）
    一 政府对股票市场的干预 ……………………………（86）
    二 政府对债券市场的干预 ……………………………（87）
  第四节 国债与收入分配 ……………………………………（88）
    一 国债的虚拟资本属性 ………………………………（88）
    二 国债的运动积累与收入分配 ………………………（88）
  第五节 本章小结 ……………………………………………（92）

第五章 金融发展产生收入分配差距的机制分析 ……………（93）
  第一节 金融发展产生收入差距的直接机制 ………………（96）
    一 资源配置功能与收入分配 …………………………（96）
    二 信息处理功能与收入分配 …………………………（97）
    三 风险分散功能与收入分配 …………………………（99）
  第二节 金融发展稳定性对收入差距的作用机制 …………（101）
  第三节 金融发展产生收入差距的间接机制 ………………（103）
    一 金融发展通过客观生产条件产生收入差距 ………（103）
    二 金融发展通过主观生产条件产生收入差距 ………（105）
  第四节 本章小结 ……………………………………………（110）

第六章 货币资本化与收入分配差距的实证检验 ……………（112）
  第一节 货币资本化载体的历史分析 ………………………（113）
    一 以银行为代表的货币资本化载体的历史演进 ……（113）
    二 货币资本化载体历史演进的特点 …………………（115）

第二节　以银行为代表的货币资本化载体的发展与收入
　　　　　差距的实证研究现状 …………………………………（116）
　　第三节　货币资本化与收入分配差距的实证检验——以
　　　　　银行中介机构为例 ……………………………………（118）
　　　一　与前人研究的不同之处 …………………………………（118）
　　　二　省际货币资本化载体与收入差距统计分析 ……………（118）
　　　三　模型分析 …………………………………………………（121）
　　第四节　本章小结 …………………………………………………（133）

第七章　虚拟资本化与收入分配差距的实证检验 …………………（134）
　　第一节　虚拟资本市场发展与收入分配差距的相关
　　　　　实证研究现状 …………………………………………（135）
　　第二节　虚拟资本化与收入分配差距的实证分析：
　　　　　一个数理模型 …………………………………………（137）
　　　一　前提假设 …………………………………………………（138）
　　　二　结论及意义 ………………………………………………（140）
　　　三　附录：模型推导 …………………………………………（142）
　　第三节　虚拟资本化与收入分配差距的实证检验
　　　　　——基于 VAR 的分析 …………………………………（145）
　　　一　计量模型设定 ……………………………………………（145）
　　　二　模型变量、数据及统计分析 ……………………………（145）
　　　三　模型检验 …………………………………………………（146）
　　　四　模型结果分析 ……………………………………………（149）
　　第四节　本章小结 …………………………………………………（151）

第八章　结语 …………………………………………………………（152）
　　第一节　本书的主要研究结论 ……………………………………（152）
　　第二节　缩小收入分配差距的金融政策内涵 ……………………（153）
　　　一　转变政府角色定位 ………………………………………（153）
　　　二　推进完善存贷款利率市场化进程 ………………………（154）
　　　三　进一步健全金融组织体系 ………………………………（154）
　　第三节　本书研究的进一步展望 …………………………………（155）

参考文献 …………………………………………………（157）

攻读博士学位期间发表的学术成果 ……………………（168）

索　引 ……………………………………………………（169）

致　谢 ……………………………………………………（171）

Contents

Chapter One Introduction ··· (1)
    Section1   Research Background and Significance ····················· (1)
        First Research Background ·································· (1)
        Second Research Significance ································ (3)
    Section2   Definition of Relevant Concepts ··························· (3)
        First Financial Capital ······································· (3)
        Second Financial Development ······························ (4)
        Third Income Distribution ·································· (5)
    Section 3   Current Situation of Financial Development and Income
                Distribution Gap at Home and Abroad ····················· (6)
        First Current Situation at Home ···························· (6)
        Second Current Situation at Abroad ······················· (20)
    Section 4   Research Ideas and Methods ······························ (25)
        First Research Ideas ··· (25)
        Second Research Methods ·································· (26)
    Section 5   Research Contents ··· (26)
    Section 6   Research Innovation and Deficiency ······················ (28)
        First Possible Innovations ··································· (28)
        Second Deficiency ·· (28)
    Section 7   Summary of this Chapter ·································· (29)

Chapter Two Theoretical Analysis of Financial Development and Income Distribution Gap ……………………(30)

Section 1 Marx's Theoretical Basis of Financial Development and Income Distribution Gap ……………………(30)

First Financial Development and Monetization …………… (31)

Second Financial Development and Currency Capitalization …………………………………… (32)

Third Financial Development and Virtual Capitalization ……… (35)

Fourth Summary of this Section …………………………… (37)

Section 2 Lenin and Hilferding's Analysis of Financial Development and Surplus Value Division ……………… (38)

Section 3 Financial Development and Income Distribution Gap: an Analysis of Western Financial Development Theory …………………………… (40)

First Gurley's Analysis Based on Financial Development Theory …………………………………… (40)

Second McKinnon's Analysis Based on Financial Repression Theory …………………………………… (41)

Third Goldsmith's Analysis Based on Financial Structure Theory …………………………………… (42)

Fourth Shaw's Analysis Based on Financial Deepening Theory …………………………………… (43)

Fifth Stiglitz's Analysis Based on Financial Constraint Theory …………………………………… (45)

Section 4 Research Framework of this Book ……………………… (46)

Section 5 Summary of this Chapter ……………………………… (48)

Chapter Three Characteristics and Facts of Financial Development and Income Distribution Gap in China …………………………… (50)

Section 1 The General Characteristics of China's Financial Development …………………………… (50)

First The Characteristics of China's Monetization ……………（50）
　　　Second The Characteristics of China's
　　　　　Currency Capitalization ………………………………………（53）
　　　Third The Characteristics of Virtual
　　　　　Capitalization in China ………………………………………（56）
　　　Fourth Summary of this Section ……………………………………（58）
　Section 2　Structural Analysis of China's
　　　　　　　Financial Development ………………………………………（59）
　Section 3　Income Distribution Gap of Chinese Residents …………（63）
　　　First The General Picture of the Income Distribution Gap
　　　　　between Urban and Rural Areas in China ……………………（64）
　　　Second Analysis of the Income Distribution Gap between
　　　　　Urban and Rural Areas by Income Level ……………………（65）
　　　Third Analysis of the Income Distribution Gap between
　　　　　Urban and Rural Areas according to the Source of
　　　　　Income ……………………………………………………………（66）
　Section 4　Dynamic Correlation between Financial Development and
　　　　　　　Income Distribution Gap in China ……………………（68）
　　　First Applicability of Grey Relation Model (GM) ……………（68）
　　　Second Grey Relation Model (GM) Analysis ……………………（68）
　　　Third Measurement of the Dynamic Correlation between China's
　　　　　Financial Development and Income Distribution Gap …………（69）
　Section 5　Summary of this Chapter …………………………………（71）

Chapter Four　The Role of Government in Financial
　　　　　　　Development: an Extended Analysis ………………（72）
　Section 1　The Reasons for Government Intervention in
　　　　　　　Financial Development ………………………………………（73）
　　　First Subjective Reasons for Government Intervention in
　　　　　Financial Development ………………………………………（73）
　　　Second Objective Reasons for Government Intervention in
　　　　　Financial Development ………………………………………（76）

Section 2　Government Intervention in Banking Intermediary …… (79)
 First Through Deposit Reserve ……………………………… (79)
 Second Through Interest Margin between
 Deposit and Loan ………………………………………………… (81)
 Third Through Credit ……………………………………………… (84)
Section 3　Government Intervention in Capital Market …………… (85)
 First Government Intervention in Stock Market ……………… (86)
 Second Government Intervention in Bond Market …………… (87)
Section 4　National Debt and Income Distribution ………………… (88)
 First Virtual Capital Attribute of National Debt ……………… (88)
 Second Movement Accumulation and Income
 Distribution of National Debt ………………………………… (88)
Section 5　Summary of this Chapter ………………………………… (92)

Chapter Five　Analysis of the Mechanism of Income Distribution Gap in Financial Development ……………………… (93)

Section 1　Direct Mechanism of Income Gap Generated by
 Financial Development ………………………………………… (96)
 First Resource Allocation Function and
 Income Distribution …………………………………………… (96)
 Second Information Processing Function and
 Income Distribution …………………………………………… (97)
 Third Risk Dispersion Function and Income
 Distribution …………………………………………………… (99)
Section 2　Mechanism of Financial Development
 Stability on Income Gap ……………………………………… (101)
Section 3　Indirect Mechanism of Income Gap Generated by
 Financial Development ………………………………………… (103)
 First Financial Development Generates Income Gap through
 Objective Production Condition ……………………………… (103)
 Second Financial Development Generates Income Gap through
 Subjective Production Condition ……………………………… (105)

Section 4　Summary of this Chapter ……………………………… (110)

Chapter Six　Empirical Test of Currency Capitalization and Income Distribution Gap ……………………………… (112)
    Section 1　Historical Analysis of the Carrier of Currency Capitalization ……………………………… (113)
      First Historical Evolution of Currency Capitalization Carrier Represented by Banks ……………………………… (113)
      Second Characteristics of Historical Evolution of Currency Capitalization Carrier ……………………………… (115)
    Section 2　Current Situation of Empirical Research on the Development of Currency Capitalization Carrier and Income Gap Represented by Bank ……… (116)
    Section 3　Empirical Test of Currency Capitalization and Income Distribution Gap ……………………………… (118)
      First Differences from Previous Studies …………………… (118)
      Second Statistical Analysis of Provincial Currency Capitalization Carrier and Income Distribution Gap ………… (118)
      Third Model Analysis ……………………………………… (121)
    Section 4　Summary of this Chapter ……………………………… (133)

Chapter Seven　Empirical Test of Virtual Capitalization and Income Distribution Gap ……………………………… (134)
    Section 1　Current Situation of Empirical Research on the Development of Virtual Capital Market and Income Distribution Gap ……………………………… (135)
    Section 2　Empirical Analysis of Virtual Capitalization and Income Distribution Gap: a Mathematical Model …………… (137)
      First Assumptions of the Model …………………………… (138)
      Second Conclusion and Significance ……………………… (140)
      Third Appendix-Model Derivation ………………………… (142)

- Section 3　Empirical Test of Virtual Capitalization and Income Distribution Gap ……………………………………… (145)
  - First Econometric Model Setting ……………………………… (145)
  - Second Variables, Data and Statistical Analysis …………… (145)
  - Third Model Inspection ………………………………………… (146)
  - Fourth Result Analysis ………………………………………… (149)
- Section 4　Summary of this Chapter ……………………………… (151)

Chapter Eight　Conclusion ……………………………………… (152)
- Section 1　Main Research Conclusions of this Book ………… (152)
- Section 2　Financial Policy Connotation for Narrowing Income Distribution Gap …………………………………………… (153)
  - First Changing Government Role ……………………………… (153)
  - Second Promote and Improve the Marketization Process of Deposit and Loan Interest Rate ……………………………… (154)
  - Third Improve the Financial Organization System further …… (154)
- Section 3　Further Prospect of this Study ……………………… (155)

Reference ……………………………………………………………… (157)

Academic Achierements during the Degree ……………………… (168)

Index …………………………………………………………………… (169)

Acknowledgement …………………………………………………… (171)

第一章

导　　论

第一节　研究背景与研究意义

一　研究背景

金融是经济的润滑剂，金融对经济发展的贡献随着经济增长和发展日益明显并在不断快速发展之中。20 世纪中期以来，金融工具与金融资产的数量和种类快速增加，远远超过了实体经济规模扩大的速度，金融机构的数量不断增加和业务不断创新拓宽，比如各种金融机构如银行与非银行金融机构之间的业务出现交叉，金融部门与非金融部门之间业务出现重叠；金融市场的发展快速推进，如股票市场和债券市场等资本市场配置金融资源的功能进一步完善。尤其是 20 世纪 90 年代以来互联网的快速发展，金融机构和金融市场的发展出现了科技化、网络化和电子化的特征，这使得金融发展对经济增长产生更加重要的影响。根据 Wind 的数据，中国在 2019 年的货币供应量（以 M_2 衡量）达到 198.65 万亿元，是 1992 年的上百倍，各项存款达到 198.2 万亿元，中国股票发行量在 2019 年为 5595 只股，其中 A 股 3760 只，这表明中国经济货币化和金融化程度已大幅提高。金融发展使得经济体中以货币或者其他金融工具为载体将资源、收入和财富进行分配与再分配的范围更加广泛，因此对一个国家的居民收入增长和宏观收入分配格局产生了重要的影响。

与此同时，中国居民收入自改革开放以来持续增加。1978 年中国城市家庭居民人均可支配收入为 343 元，稳步增加到 2019 年的 39244 元，农村家庭居民人均纯收入由 1978 年的 134 元增加到 2019 年的 16021 元。伴随居民收入增加的是宏观收入分配格局发生了重大的变化，居民收入差距持续扩大。根据国家统计局的数据，2003年我国居民收入的基尼系数就达到了0.479，2008年达到了最高值0.491，并在2019年降为0.474，如此高的系数表明我国居民收入分配总体上存在严重不公。在结构上也存在分化特征，从地区结构上看，东、中、西部之间的收入差距较大，其中东部居民收入最高、西部收入最低；从城乡结构上看，城市居民收入较高，而农村居民收入较低，城市家庭人均可支配收入与农村家庭人均纯收入的比值在1993年为2.7，2018年达到了4.3的高位；从所有制结构上看，国有大型企业员工的收入较高，而中小企业、民营企业员工的收入较低。因此，居民收入差距扩大及收入分配不公是一个重要的现实问题。

关于金融发展的思想最早可以追溯到18世纪前的重商主义时期，当时货币就被认为是财富。其后，古典经济学派秉持"货币中性论"，认为货币是覆盖在实体经济活动上的一层"面纱"，与价格、产量、就业以及收入等实际变量无关。随后，维克塞尔提出了货币金融能对现实经济活动产生实质性影响的观点，凯恩斯将货币分析纳入政策制定研究中，认为积极的或扩张的货币政策能扩大有效需求。约瑟夫·熊彼特在《经济发展理论》一书中研究了货币、信贷和利息等金融变量对经济创新和经济发展的重要作用。1960年约翰·格利和爱德华·肖在《金融理论中的货币》一书中提出了储蓄通过金融机制转化为投资从而提高社会生产性投资水平的观点。帕特里克在《欠发达国家的金融发展与经济增长》一书中提出了"需求带动"和"供给引导"两种金融发展模式，认为金融体系在提高资本存量和提高资本配置效率以及加速资本积累中具有重要的作用。麦金农和戈德史密斯分别提出了金融抑制和金融结构的理论，使得西方金融发展的理论逐步成熟。另外，马克思肯定了货币功能和信用创造对经济发展的重要性，认为货币是启动社会再生产整个过程的"第一推动力和持续的动力"。他在《资本论》第三卷中通过对包括货币资本和虚拟资本的金融资本形成、运动、积累和增殖的分析成为马克思金融发展理论的重要基础，而且分析了金融发展与剩余价值分割、收入分配之间的逻辑关系。

鉴于目前采用马克思主义金融资本理论系统研究金融发展与收入差距关系的文献较少，因此本书试图从这一角度进行探索性分析，运用马克思主义理论和方法论，同时借鉴已有的研究成果，对中国金融发展与收入分配差距的内在关系进行理论分析和实证检验。

二 研究意义

研究金融发展与收入分配差距之间的关系具有重要的理论意义和实践意义。

从理论上来说,马克思在《资本论》第三卷中对金融资本进行了论述,从历史发展脉络和理论逻辑两个维度对金融发展做出了深刻的阐述,这为本书研究两者关系提供了分析范式。金融资本的属性是资本,资本承载了人与人的关系,这种关系固然包括人与人之间的收入分配关系。因此,金融资本的形成、运动、积累和增殖与剩余价值分割之间的天然关系就成为本书的重要理论基础。同时需要注意的是,马克思所处的时代是资本主义社会的自由竞争时期,与当前中国经济金融运行有很大的不同。在运用马克思主义分析范式时应对马克思金融发展与收入分配相关理论作进一步完善和创新,从而提高对两者之间关系分析的解释力,以及如何在缩小居民收入差距的问题上提出有针对性的金融政策思路。

从实践上来看,当前中国金融体制各项改革处在深水区和爬坡期,金融发展与改革所处的阶段性以及新时代经济结构的优化调整交织在一起,使得金融发展出现了新的特征。如存贷款利率已经实现了市场化定价,而金融机构与金融市场快速发展中呈现出不平衡的发展格局,同时在资本市场内部出现了股票市场与债券市场不协调发展的态势;金融创新使得金融产品的种类越来越多样化;全国居民的储蓄存款稳步增加;金融发展在区域上也呈现不平衡的格局,同时居民收入差距的不断扩大等,这些新的实践倒逼理论上需要一种更加有效的分析范式对金融发展与收入分配差距之间的关系进行研究。所以,本书在对中国金融发展阶段进行界定的基础上,针对在不同状态下金融发展与收入分配差距之间的关系进行分析,继而分别考察货币资本化和虚拟资本化对居民收入分配差距的影响,从而获得一个全面的理论分析和实证检验。

第二节 相关概念界定

一 金融资本

关于金融资本的定义,存在传统金融资本和现代金融资本的区别。传统意义上的金融资本,是发端于列宁、希法亭等学者的阐述。希法亭在

《金融资本论》一书中认为金融资本是"通过实际转化为产业资本的银行资本,即货币形式的资本"。列宁在《帝国主义是资本主义的最高阶段》中认为"金融资本就是和工业垄断同盟的资本融合起来的少数垄断性的最大银行的银行资本",① 两者之间通过人事关系进行渗透。现代金融资本的内涵吸收了经济发展和金融发展的新特征,认为金融资本是货币资本和虚拟资本的总和。② 货币资本是以货币资金的存在形式为起点的一种资本,是从产业资本循环中游离出来的一种职能形式。由于马克思所处的年代为资本主义社会的自由竞争时期,表现形式是通过购买生产资料和劳动力转变为生产剩余价值的实践起点和逻辑起点。而当前经济形态下,货币资本是以货币或者流动性存在的一种能带来利息的形式,具体表现为各种金融机构的存贷款以及其他信贷产品等。在马克思的论述中,将虚拟资本认为是虚拟的生息资本、借贷资本和货币资本,是通过资本化过程产生的实际上不存在的价值形式,在表现形式上有股票、债券和国债等。针对当前中国实际,将虚拟资本的表现形式进行一定程度的拓展,具体包括股票、债券、国债、保险金以及各种金融衍生产品。

二 金融发展

金融发展在前人(如戈德史密斯等)文献中已有多次阐述,但本书可以从马克思金融资本角度结合已有研究成果对其重新定义,因此本书中的金融发展的概念绝不是两者地简单叠加,而是基于已有基础理论和中国实际国情上的一种有机融合。在本书中,将金融发展的概念界定为货币化、货币资本化和虚拟资本化的一种动态演进,并且在每一阶段上存在规模和内涵上的规定性,这就是说在金融发展中每一阶段的金融资本不仅具有总量意义上的特征,即金融产品的种类和规模的扩大,是以金融机构和金融市场作为载体出现和存在的,而且具备金融功能不断完善的特征,即具备收入分配、资源配置、信息处理以及风险分散等功能。金融资本不仅

---

① [苏]列宁:《列宁全集》(第27卷),人民出版社1990年版,中央编译局编译,第401页。
② 关于金融资本的定义,国内有学者定义为生息资本和虚拟资本的总和,在这里为了后文对中国经济金融运行阶段进行一个界定,将货币资本的虚拟资本均纳入现代金融资本总和。事实上,在《资本论》(第3卷)中,货币资本是借贷资本、生息资本的逻辑起点和演变起点,这种定义在理论上是行得通的,并与实际有效结合。

承载了不同人群、不同阶层之间的收入分配关系，同时将这些关系物化在有形的金融资产、金融工具等金融产品上。因此，金融发展不仅包括动态意义上的阶段演进，也包括其物质形式上和功能上的静态含义，是静态概念和动态概念的有机统一。

三 收入分配

在政治经济学中，分配与生产、交换和消费共同属于经济系统的四大环节，是联系生产和消费的中间环节，同时也是社会产品再生产过程的必要阶段，是生产关系的一个方面；分配作为人类社会最一般的经济范畴，需要对其加强考察。"人们用这种分配关系来表示对产品中归个人消费的部分的各种索取权"①。从经济学说史的角度来看：既有以萨伊为代表的庸俗经济学家的分配论，其主要观点是后来被马克思批判的"三位一体"公式，也有以李嘉图为代表的古典政治经济学理论的观点，即坚持劳动价值论和三大阶级的分配关系表现为对立；还有以约翰·穆勒为代表的折中主义论，认为"自然的"生产和"人为的"分配可以统一起来。

马歇尔关于分配的观点在于国民收入分割为不同要素的份额，"全部纯产品总量，是所有这些商品的需求价格，从而是生产这些商品所用的生产要素的需求价格的真正来源"②。马歇尔吸取了过去庸俗经济学的解释，并在此基础上进行细化。他认为劳动、资本、土地和企业能力都是生产要素，从而可以在分配中获得与此相当的份额。马克思认为"从社会领得一张凭证，证明他提供了多少劳动（扣除他为公共基金而进行的劳动），他根据这张凭证从社会储存中领得一份耗费同等劳动量的消费资料"③。"每一个生产者，在作了各项扣除以后，从社会领回的，正好是他给予社会的。他给予社会的，就是他个人的劳动量，他以一种形式给予社会的劳动量，又以另一种形式回来。"④

---

① 马克思：《资本论》（第3卷），人民出版社2004年版，第994页。
② ［英］马歇尔：《经济学原理》（下卷），章洞易译，北京紫图图书有限公司2010年版，第210页。
③ 《马克思恩格斯选集》（第3卷），人民出版社2012年版，第304页。
④ 《马克思恩格斯选集》（第3卷），人民出版社2012年版，第304页。

第三节 文献综述

一 国外关于金融发展与收入分配差距的研究

国外关于金融发展与收入分配差距的研究文献较多,大致可以分为这四个方面:金融发展扩大了收入差距;金融发展缩小了收入差距;金融发展与收入差距之间的结构效应;从政治经济学的角度研究金融发展与收入差距关系。

(一)金融发展扩大了收入差距

许多学者认为金融发展扩大了居民收入差距,这不仅发生在发达的工业国,也发生在发展中国家和新兴经济体中,不仅体现在金融中介机构的发展上,也体现在资本市场的发展上。Galor 和 Zeira[1] 构建了一个包含代际遗赠的两部门模型,其中富人可以对人力资本进行不可分割的投资,使得自己以后可以在技能密集型部门工作;然而,考虑到资本市场的不完全性,只有那些获得大于人力资本投资所需额度的遗赠或者通过借款的人才可以进行这项投资,这就导致了富人与穷人之间收入的不平等,并且通过遗赠这一机制使得下一代人的收入分配也不平等,形成了代际收入不平等。在这个模型中,资本市场不完善以及最初财富分配不平等的经济体中将会维持收入不平等的趋势。与 G—Z 模型相似的是,Banerjee 和 Newman[2] 构建了一个三部门模型,其中两种技术均需要不可分割的投资,但由于资本市场的不完善,只有富人可以借到足够的资金进行这项获得高收益技能所需投资;并且,初始财富分配对收入分配和经济增长有长期的影响,在其他假定相同的情况下,这些模型可以断定哪些资本市场不完善(也就是借款存在较高障碍难以进行投资)的国家的收入更加不平等。Townsend、Robert 和 Kenichi Ueda[3] 通过构建随机动态建模型研究了存在金融中介交易成本和稳态经济增长情况下金融深化与收入不平等的关系,

---

[1] Oded Galor and Jpseph Zeira, "Income Distribution and Macroeconomics", *Review of Economic Studies*, Vol. 1, 1993, pp. 35 – 52.

[2] Abhijit V. Banerjee and Andrew F. Newman, "Occupational Choice and the Process of Development", *Journal of Political Economy*, Vol. 101, No. 2, 1993, pp. 274 – 298.

[3] Kenichi Ueda, "Transitional Growth with Increasing Inequality and Financial Deepening", IMF Working Paper, No. 01, 2001, pp. 251 – 293.

并根据泰国1979—1996年的数据进行了数值模拟，认为金融深化的障碍是收入不平等的一个主要原因，同时评价和分析了福利损失。Douglas Smith[1]基于20个工业国和46个发展中国家跨部门的面板回归验证了收入分配对私人储蓄率产生独立影响的机制，结果显示收入差距过大或不平等对私人储蓄率有一个稳健积极的效应，这依赖于金融市场的发展和私人部门获得信贷的程度；因此，信贷市场的不完善是收入不平等最可能的原因。Marina C. Halac、Sergio L. Schmukler[2]研究发现资金转移通过多种管道在很多拉丁美洲国家近几十年金融危机中影响收入分配。首先，资金转移到金融部门（包括参与的金融部门和非参与的金融部门），并从参与的金融部门转移到非参与的金融部门。其次，通过分辨在金融部门的成功者和失败者来判定谁接受了这种资金，不同收入水平的社会阶层卷入这种资金转移中，其结果是危机中的资金转移进一步加剧了收入不平等。Robert M. Townsend、Ueda Kenichi[3]对金融深化与收入不平等的关系进行了数值模拟，在这个模型中引入了获得金融服务的固定成本或者交易成本，产生了非线性的动态关系，同时发现该模型与泰国实际经济增长中金融深化和收入不平等的关系格局一致。Joachim Zietz、Xiaolin Zhao[4]利用1980—2000年动态收入面板研究（PSID）数据研究了股票市场增值对美国家庭收入不平等产生的短期效应，固定效应回归表明股票市场增值对股票持有者家庭收入的增加大于非持有者；基于回归模型的基尼系数呈现不稳定增加的特征，并且在20世纪80年代和90年代分别上升2%和3%。James B. Ang[5]以1991年以来金融部门改革和发展最快的几个发展中国家为依据，并以印度1951—2004年的数据为基础进行矢量误差修正模型的计量

---

[1] Douglas Smith, "International Evidence on How Income Inequality and Credit Market Imperfections Affect Private Saving Rates", *Journal of Development Economics*, Vol. 64, 2001, pp. 103 - 127.

[2] Marina C. Halac、Sergio L. Schmukler, "Distributional Effects of Crises: The Role of Financial Transfers", World Bank Policy Research Working Paper, No. 3173, 2003.

[3] Robert M. Townsend and Ueda Kenichi, "Financial Deepening, Inequality, and Growth: A Model-Based Quantitative Evaluation", *Review of Economic Studies*, Vol. 73, No. 1, 2010, pp. 251 - 293.

[4] Joachim Zietz and Xiaolin Zhao, "The Short-Run Impact of The Stock Market Appreciation of the 1980s and 1990s On U. S. Income Inequality", *Quarterly Review of Economics and Finance*, Vol. 49, 2009, pp. 2 - 53.

[5] James B. Ang, "Financial Liberalization and Income Inequality", Munich Personal RePEc Archive Working Paper, No. 14496, 2009, pp. 1 - 7.

分析，研究了金融自由化对收入不平等的影响。结果显示两者之间存在长期稳健的关系，金融部门改革似乎并没有降低获得金融服务的不平等性，反而在印度拉大了收入差距。Karl Walentin[①]基于美国消费金融调查数据研究了与股票市场参与率不断提高相关的劳动收入差距扩大的现象。在一个包含有限股票市场参与、劳动收入和借款约束的模型中探讨了这种份额的增加对股票和无风险债券收益的影响。结果发现，股票持有者事前股票溢价（如股票的贴现率）下降了130个基点，原因在于总劳动收入中股票持有者份额的增加导致了持有者的收入结构发生变化，减少了股票持有者收入和股息增长的协方差。Céline Gimet、Thomas Lagoarde-Segot[②]基于1994—2002年的数据，构建了银行和资本市场规模、稳健性、效率和国际一体化的年度指标，通过一个面板贝叶斯的SVAR模型，研究了金融部门发展对收入分配的显著因果关系，银行部门的发展比资本市场的发展更能对收入分配不平等产生效应，并且这个效应依赖于金融部门而不是规模和国际一体化。Jack Favilukis[③]通过构建一个代际交叠模型并进行参数校正，解释了财富不公平中的可观测增长、股票市场参与成本的下降以及松弛的借贷约束，同时结论还揭示了股票市场在增加财富不公平中的主要作用。

（二）金融发展缩小了收入差距

第一，一些经济学者针对金融发展的不同定义，对不同国家金融发展与收入分配差距的关系进行研究，认为金融发展缩小了居民间的收入差距。M. I. Ansari[④]利用矢量误差修正模型估计了金融发展、货币和公共支出对马来西亚国民收入的影响，其结论支持金融发展的"供给引导"观点。Thorsten Beck 等[⑤]使用52个发达和发展中国家1960—1999年的样本

[①] Karl Walentin, "Earnings Inequality and the Equity Premium", *Journal of Macroeconomics*, Vol. 10, No. 1, 2010, pp. 1 – 23.

[②] CéLine Gimet and Thomas Lagoarde – Segot, "A Closer Look At Financial Development and Income Distribution", *Journal of Banking & Finance*, Vol. 35, 2011, pp. 1698 – 1713.

[③] Jack Favilukis, "Inequality, Asset Returns, Stock Market Participation", *Journal of Financial Economics*, Vol. 107, 2013, pp. 740 – 759.

[④] M. I. Ansari, "Impact of Financial Development, Money and Public Spending on Malaysian National Income: An Econometric Study", *Journal of Asian Economics*, Vol. 13, No. 1, 2002, pp. 72 – 93.

[⑤] Thorsten Beck et al., "Finance, Inequality and Poverty: Cross-Country Evidence", World Bank Policy Research Working Paper, No. 10979, 2004.

数据进行面板计量分析，发现金融中介发展对占最低收入 1/5 的人口的增收效应高于每资本的 GDP，通过不成比例地提高穷人的收入水平降低了收入不平等和缓解了贫困。Patrick Honohan[1]通过跨国家数据的回归研究了以银行深化衡量的金融发展对可持续经济增长和降低穷人比例的影响，同时以中国、俄罗斯、英国和韩国为例解释了仅以银行深化衡量的金融发展不足以解释这些国家收入不平等的原因。Shahidur R. Khandker[2]使用孟加拉国的数据研究了小额信贷在个人和总体水平上对减贫的效应，表明小额信贷具有消费效应和溢出效应，从而有助于缓解贫困和促进当地经济发展。Quartey[3]揭示了加纳 1979—2001 年金融发展、储蓄动员与减贫之间的关系，发现以私人信贷/GDP 衡量的金融发展在格兰杰意义上造成了以人均消费衡量的贫困的减少，并基于 ECM 模型对南非 1960—2006 年金融发展、经济增长与减贫之间的动态关系进行格兰杰因果检验，[4] 结果表明，以 M_2/GDP 表示的金融发展和经济增长使每单位资本的消费增加。[5]他还分析了 1969—2006 年津巴布韦的金融发展与贫困减少之间的关系，分别选择 M_2/GDP、私人信贷对 GDP 的占比以及国内货币银行资产来表示金融发展；利用格兰杰因果检验发现以私人信贷对 GDP 占比以及国内货币银行资产表示的金融发展导致贫困减少，而以 M_2/GDP 表示的金融发展的检验结果则相反。Takeshi Inoue、Shigeyuki Hamori[6]在控制贸易、通胀率和经济增长等宏观变量下研究了印度金融发展对减贫的影响，利用 GMM 估计发现金融深化和经济增长对贫困降低具有正向作用，而贸易和通胀则起到相反的作用。Vivien Kappel[7]基于跨国数据的面板回归研究了金融发展对收

---

[1] Patrick Honohan, "Financial Development, Growth and Poverty: How Close Are the Links?" World Bank Policy Research Working Paper, No. 3203, 2004.

[2] Shahidur R. Khandker, "Micro-Finance and Poverty: Evidence Using Panel Data from Bangladesh", *World Bank Economic Review*, Vol. 9, No. 2, 2005, pp. 263 – 286.

[3] Peter Quartey, "Financial Sector Development, Savings Mobilization and Poverty Reduction in Ghana", United Nations University Research Paper, No. 71, 2005.

[4] Nicholas M. Odhiambo, "Financial-Growth-Poverty Nexus in South Africa: A Dynamic Causality Linkage", *The Journal of Socio-Economics*, Vol. 38, No. 2, 2009, pp. 320 – 325.

[5] Nicholas M. Odhiambo, "Financial Deepening and Poverty Reduction in Zambia: an Empirical Investigation", *International Journal of Social Economics*, Vol. 37, No. 1, 2010, pp. 41 – 53.

[6] Takeshi Inoue and Shigeyuki Hamori, "How Has Financial Deepening Affected Poverty Reduction In India", IDE Discussion Paper, No. 249, 2010.

[7] Vivien Kappel, "The Effects of Financial Development on Income Inequality and Poverty", Proceedings of the German Development Economics Conference, Vol. 4, No. 25, 2010, pp. 45 – 58.

入不平等和贫困的效应,发现金融发展通过改善贷款市场和发展股票市场降低了贫困程度和收入不平等,同时民族的多样性和土地的分布也是贫困和收入不平等显著和稳健的决定因素,高收入国家的政府支出会导致收入不平等的下降,而在低收入国家无显著效应。Manoel F. Meyer Bittencourt[1] 基于巴西 1985—1994 年的面板时间序列数据,控制通胀率和失业率等变量,分析出现金融发展(用 M_3 表示)对降低收入不平等有显著和稳健的效应,穷人通过金融适应性可以将获得的信贷投资到短期或者长期的生产活动中,从而增加穷人收入并缩小贫富差距。

第二,金融发展不仅反映为金融机构的规模扩大,也反映在金融服务的增加和改进上,从而缩小了收入差距和改善了收入分配公平局面。如 Burgess Pande[2] 研究发现 1977—1990 年印度农村商业银行增设网点对农村经济增长和收入增加的正向效应,并有助于降低收入不平等。Patrick Honohan[3] 基于 160 多个国家银行账户成员的信息和资金流动指数情况,估计了成年人使用正式金融中介服务的比例,数据显示它与贫穷和不平等的信息在计量上存在相关性。研究表明,较好地获得金融服务会导致收入不平等程度(利用基尼系数表示)降低。Benjamin Rosner[4] 发现在一个完美发达的金融体系中,由于那些有利润的项目可以获得贷款,因此金融发展导致贫困是通过增加货币供给和存款机会而不是私人信贷,金融发展对金融最不发达的国家的减贫效应最明显并且不会促进机会不平等。Rajen Mookerjee、Paul Kalipioni[5] 利用发达国家和发展中国家的样本数据从实证角度测度了可获得的金融服务对收入分配不平等的影响。结果显示,金融服务的可获得性能较好地降低国家间收入的不平等,同时获得银行服务的

---

[1] Manoel F. Meyer Bittencourt, "Financial Development and Inequality: Brazil 1985 – 99", Discussion Paper, No. 06/582, 2006.

[2] Burgess Pande, "Can Rural Banks Reduce Poverty? Evidence from the Indian Social Banking Experiment", *American Economic Review*, Vol. 2, 2005, pp. 780 – 795.

[3] Patrick Honohan. "Cross-Country Variation in Household Access to Financial Services", *Journal of Banking & Finance*, Vol. 32, No. 11, 2008, pp. 2493 – 2500.

[4] Benjamin Rosner, "The Impact of Financial Development on Poverty in Developing Countries", *The Ucla Undergraduate Journal of Economics*, Vol. 5, 2008, pp. 101 – 113.

[5] Rajen Mookerjee and Paul Kalipioni, "Availability of Financial Services and Income Inequality: The Evidence from Many Countries", *Emerging*, Vol. 11, No. 4, 2010, pp. 404 – 408.

障碍增加了收入不平等。Yu Ping、Wang Heng①从一个新的视角探索了中国金融发展和城乡收入差距之间的关系，结果发现，金融市场的适度竞争将会激励金融部门为低收入群体提供更多更好的服务，从而改进收入分配，同时也有助于经济增长。但金融市场的不完全导致信贷约束非常严重，企业和个人很难获得一个公平的发展机会。因此，为低收入群体提供低息贷款，扩大微观金融项目等金融措施将是一个缩小城乡收入差距的有效方式。Kwangbin Bae 等②定义了融资管道的改变，并用三个指标（即每10万人的金融机构数量、每100平方英里的金融机构数量以及平均存款规模对每资本GDP的比值）进行测度，利用美国州立数据构建固定效应面板计量模型研究发现融资管道对降低收入不平等和贫困比例具有正向作用。

第三，部分学者从金融发展对收入差距产生的直接效应和间接效应上进行研究，得到一些新鲜的结论。如 Jean-Marie Viaene、Itzhak Zilcha③研究了一个包含异质性人口和代际转移支付的 OLG 模型，该代际转移的形式是馈赠和人力资本投资，发现资本市场一体化会影响参与国的动态均衡路径，因此影响了人力资本相对于储蓄和代际人力资本转移支出的收益，同时探讨了公共教育支出的增加通过提高人力资本存量进而影响一体化经济的动态效应，发现在均衡时资本市场一体化对东道国和投资国的代内收入分配产生影响。Jalilian Hossein 和 Kirkpatrick Colin④实证分析表明，在经济发展到一定程度以后，金融部门的发展通过经济增长这一渠道减少贫困，同时金融发展对贫困减缓的效应受到由金融发展导致的收入不平等的变化影响。Sylviane Guillaumont Jeanneney、Kangni Kpodar⑤分析了金融发展通过麦金农的管道效应直接地和通过经济增长间接地减少贫困，并

---

① Yu Ping and Wang Heng, "Cause Analysis of Financial Development on Income Gap", *Energy Procedia*, Vol. 5, 2011, pp. 1827–1830.

② Kwangbin Bae et al., "Importance of Access to Finance in Reducing Income and Poverty Level", *International Review of Public Administration*, Vol. 17, No. 1, 2012, pp. 189–201.

③ Jean-Marie Viaene and Itzhak Zilcha, "Capital Markets Integration, Growth and Income Distribution", *European Economic Review*, Vol. 46, 2002, pp. 301–327.

④ Jalilian Hossein and Kirkpatrick Colin, "Does Financial Development Contribute to Poverty Reduction", *Journal of Development Studies*, Vol. 41, No. 5, 2005, pp. 636–656.

⑤ Sylviane Guillaumont Jeanneney and Kangni Kpodar, "Financial Development and Poverty Reduction: Can There Be a Benefit Without a Cost", IMF Working Paper, No. 62, 2008.

以发展中国家1966—2000年的数据为基础进行实证分析,结果表明金融发展对穷人收入增加的直接效应高于间接效应,穷人能从银行体系有助于交易和提供储蓄机会的能力提高中获益,但并不能在获得信贷上获利。同时金融发展中的金融不稳定性对穷人的收入增加有负面作用。Michael Enowbi Batuo等[1]使用22个非洲国家1990—2004年的数据建立动态面板计量模型,并利用GMM进行估计,结果显示随着非洲金融部门的发展,收入不平等程度也逐渐下降。因此,应建立小额信贷制度或者合作银行而不是充分发展商业银行,这些措施将增加穷人和弱势群体获得金融服务的机会,从而改善他们子女的教育投资,改善收入分配。

第四,还有人认为金融发展在不同阶段对收入差距的影响是不同的,从短期和长期来看具有异质性。Thomas Piketty[2]从信贷市场的视角分析了收入差距问题,由于受到信贷约束和资本积累的限制,富人资本多,边际生产率下降,逐渐向贷款人的角色演变,而穷人的资本边际生产率上升而受到信贷约束成为借款人,从而缩小了收入差距。Kiminori Matsuyama[3]研究了信贷市场在决定财富分布和利率演进中的作用,通过构建模型预测了富人和穷人的内生分离的格局,富人在占据较高水平的财富时以穷人为代价;在长期,财富分布和信贷市场的发展最终通过涓滴效应导致收入从富人流到穷人,最终消除收入不平等,产生了倒"U"形效应。George R. G. Clark等[4]使用1960—1995年跨国的样本数据研究了金融中介发展与基尼系数之间的关系。发现代表性的长期数据不支持倒"U"形假设,而中短期的面板数据则微弱地支持两者之间存在倒"U"形假设,总体来说,研究结果表明金融中介发展的增长刺激效应很可能对总体

---

[1] Michael Enowbi Batuo et al., "Financial Development and Income Inequality: Evidence from African Countries", MPRA Working Paper, No. 25658, 2017.
[2] Thomas Piketty, "The Dynamics of the Wealth Distribution and the Interest Rate with Credit Rationing", The Review of Economic Studies, Vol. 64, No. 2, 1997, pp. 173 – 189.
[3] Kiminori Matsuyama, "Endogenous Inequality", The Review of Economic Studies, Vol. 67, No. 4, 2000, pp. 743 – 759.
[4] George R. G. Clark et al., "Finance and Income Inequality: What Do the Data Tell Us", Southern Economic Journal, Vol. 72, No. 3, 2006, pp. 578 – 596.

收入分配格局产生正向的影响。Shigeyuki Hamori、Yoshihiro Hashiguchi[①]基于 126 个国家 1963—2002 年的面板数据分析了金融深化对收入不平等的影响，结果表明金融深化通过对穷人增收效应高于富人而降低了收入不平等；而经济增长降低了金融深化的这种平等化效应；收入不平等随着贸易开放增加，但国家的发展可以降低这种不平等效应；金融深化和贸易开放对收入不平等的效应是不对称的。通过金融深化，可以降低穷人进行人力资本投资的信贷约束和金融市场的不完全与不平衡性从而改善这一处境。Azra Dilawar Khan 等[②]以巴基斯坦 1981—2010 年的数据构建了 ARDL 模型，以 M_2/GDP、DCP/GDP 和 DMBA 为金融发展的代理变量和以人均消费衡量作为贫困减少的代理变量，研究了金融发展对贫困减缓的影响，研究发现广义货币供给 M_2 和国内私人部门信贷对贫困减少具有长期效应，对人均消费具有短期和长期效应，国内货币银行资产对贫困减缓无长期效应，但对人均消费有正向效应。金融深化有助于贫困减缓，同时小额信贷提供了一个重要的减贫工具。同时，应加强对金融中介发展的控制，以免造成不利于穷人的金融危机。Scott L. Fulford[③] 将信贷引入一个跨期消费的一般模型中，分析了信贷服务增加对消费和贫困的长期动态影响。研究发现，印度农村银行分支机构的增加，会在初期导致消费增加和贫困减少，但在较长期导致消费下降和贫困上升。总体来说，长期效应仍然是正的，表明信贷不仅能平滑消费，还有助于改善贫困。

第五，有些学者认为宏观经济稳定和金融发展稳定对收入差距具有重要的影响，如 Paul Holden、Vassili Prokopenko[④]认为金融发展通过经济增长和创造就业有助于减少贫困，同时为穷人提供金融服务或者建立非正式金融部门。宏观经济的稳定性是金融发展减贫效应的一个重要前提，尤其

[①] Shigeyuki Hamori and Yoshihiro Hashiguchi, "The Effect of Financial Deepening on Inequality: Some International Evidence", *Journal of Asian Economics*, Vol. 23, 2012, pp. 353 – 359.

[②] Azra Dilawar Khan et al., "Financial Development and Poverty Alleviation: Time Series Evidence from Pakistan", *World Applied Sciences Journal*, Vol. 18, No. 11, 2012, pp. 1576 – 1581.

[③] Scott L. Fulford, "The Effects of Financial Development in the Short and Long Run: Theory and Evidence from India", *Journal of Development Economics*, Vol. 104, 2013, pp. 56 – 72.

[④] Paul Holden and Vassili Prokopenko, "Financial Development and Poverty Alleviation Issues and Policy in Palliations for Developing and Transition Counties", IMF Working Paper, No. 01/160, 2001.

是未预期到的高通货膨胀会拉大贫富之间的收入差距,合理有效的金融监督系统和管理机构也是有助于减贫的。Philip Arestis、Asena Caner[1] 认为金融自由化通过扩大穷人获得金融服务的机会来减少贫困和缩小收入差距,但在宏观经济不稳定以及没有相应配套的机构支持和政策支持的情况下,当金融自由化带来经济扩张时,也会伴随金融危机和经济不平等,管制和监督的缺失更加造成收入差距的拉大。Sylviane Guillaumont Jeanneney、Kangni Kpodar[2] 基于计量经济模型研究了金融发展、金融不稳定和贫困之间的关系。金融发展通过麦金农的"导管效应"对收入增加有直接的正向影响,通过货币供给和金融存款这种"管道"对穷人增收有贡献,降低了贫困,而金融不稳定(如支付体系的紊乱和无保证的银行倒闭)对穷人的负向影响大于富人,因为穷人的金融资产不能多样化。金融发展和金融不稳定对减贫的效应是相反的。因此,针对穷人的小额信贷和控制金融中介的全球化以避免金融危机对于缩小收入差距具有重要意义。Muhammad Shahbaz、Faridul Islam[3] 基于巴基斯坦 1971—2005 年的数据构建了自回归分布滞后模型,通过 ECM 和协整检验研究了金融发展对收入不平等的长期效应和短期效应,研究表明金融发展降低了收入不平等,但同时金融不稳定性加深了收入不平等。进一步来说,经济发展和贸易开放恶化了收入分配格局,并不满足传统的 G—J 关系。因此,对巴基斯坦来说发展一个组织有序的金融部门是缩小收入差距的一个有利的改革措施。

第六,还有学者发现金融制度对收入分配和收入差距具有一定的影响。Michael S. Barr[4] 将小额信贷视为监管缺失或者不完全背景下的一种制度创新,可以通过有助于发展银行部门和提高国内改革等举措来促进金融发展,从而更有效地促进贫困减少,改善收入差距。Stijn Claessens[5] 通

---

[1] Philip Arestis and Asena Caner, "Financial Liberalization and Poverty: Channels of Influence", The Levy Economics Institute Working Paper, No. 411, 2004.

[2] Sylviane Guillaumont Jeanneney and Kangni Kpodar, "Financial Development, Financial Instability and Poverty", CSAE WPS, No. 09, 2005.

[3] Muhammad Shahbaz and Faridul Islam, "Financial Development and Income Inequality in Pakistan: An Application of ARDL Approach", *Journal of Economic Development*, Vol. 36, No. 1, 2017, pp. 35 – 58.

[4] Michael S. Barr, "Microfinance and Financial Development", *Michigan Journal of International Law*, Vol. 26, 2005, pp. 271 – 296.

[5] Stijn Claessens, "Access to Financial Services: A Review of the Issues and Public Policy Objectives", *World Bank Research Observer*, Vol. 21, 2006, pp. 207 – 240.

过回顾金融对于经济福利的重要性，描述了金融准入的障碍——宏观情况、法律和管制，在许多国家尤其是发展中国家金融服务并不是普遍可以获取的，因此，许多国家应该加强制度建设，放开市场、激励更大竞争，鼓励技术创新来促进金融服务的发展；政府干预直接提高金融进入门槛，成本很高，并且伴随着风险。Liang Zhicheng[①]基于1986—2000年的省际数据和GMM估计方法研究发现，金融发展明显地影响了中国改革开放后收入分配格局和改善城市收入不平等的现象，但由于激进的城市改革和国有企业改革导致的城市失业、大规模的临时解雇在一定程度上抵消这个效应。Thorsten Beck 等[②]通过1976—2005年美国49个州的数据构建计量模型分析，发现银行业自由化的限制固化了美国各州的收入分配格局；另外，解除管制对收入分配的影响因经济、金融和人口特征的不同而不同，但解除管制在不同比例地增加穷人收入的同时不伤害富人，因而有助于改善收入分配。Asli Demirguc-Kunt、Ross Levine[③]研究了金融发展在持续性收入不平等中的作用机制，金融合同、金融市场、金融中介扩大了经济机会，降低了收入不平等。关于正式金融部门政策（如银行管制、证券法）对持续性不平等产生的潜在巨大效应的研究比较缺乏，同时，金融发展、收入不平等和经济增长的内生演化和结合缺乏概念上的统一框架。Selim Akhter、Kevin J. Daly[④]基于54个发展中国家1993—2004年的数据利用固定效应矢量分解方法，研究发现金融发展（以M_3/GDP或者总信贷对GDP的比例衡量）对降低贫困具有促进作用。因此，参考的政策是金融改革应直接针对信贷约束和利率自由化以消除金融抑制，同时应考虑到金融不稳定这一负面效应。James B. Ang[⑤]根据印度半个多世纪的年度时间序列数据，利用ECM协整检验和ARDL边界技术方法研究了金融发展对

[①] Liang Zhicheng, "Financial Development and Income Distribution: A System GMM Panel Analysis with Application to Urban China", *Journal of Economic Development*, Vol. 31, No. 2, 2006, pp. 1 – 21.

[②] Thorsten Beck et al., "Big Bad Banks? The Impact of U. S. Branch Deregulation on Income Distribution", World Bank Policy Research Working Paper, No. 4330, 2007.

[③] Asli Demirguc-Kunt and Ross Levine, "Finance and Inequality: Theory and Evidence", NBER Working Paper, No. 15275, 2009.

[④] Selim Akhter and Kevin J. Daly, "Finance and Poverty: Evidence from Fixed Effect Vector Decomposition", *Emerging Markets Review*, Vol. 10, 2009, pp. 191 – 206.

[⑤] James B. Ang, "Finance and Inequality: The Case of India", *Southern Economic Journal*, Vol. 76, No. 3, 2010, pp. 738 – 761.

收入不平等的重要性,发现金融体系欠发展对穷人的伤害无论是从水平值还是增长率上均大于富人,国内和国际的金融部门改革似乎不能缓解金融准入的不平等,从而扩大了印度的收入差距。此外,银行密集性和效率对收入不平等具有缓解作用。Raju Jan Singh、Yifei Huang(2011)[1] 以撒哈拉以南的非洲37个国家1992—2006年的数据为基础,研究发现金融深化可以降低收入不平等和减少贫困,而财产权和债权人信息的广泛公开这一激进改革,可能会对穷人不利。Luca Agnello 等[2]利用62个国家1973—2015年的面板数据研究了金融改革对收入分配不平等的影响,发现直接消除信贷政策、过高储备要求和改善证券市场有助于减少收入分配的不平等。金融改革有助于提高国内金融系统的效率,更好地对风险和社会成本进行配置,通过更加平等地获取信贷,减少期望的边际收益以及提高配置的效率、缓解收入分配不平等。

（三）金融发展与收入差距之间的结构效应

关于金融发展与收入差距之间的结构效应,既包括金融发展处于不同阶段对收入差距的时间效应,也包括金融发展对处于不同收入群体产生的空间效应。

第一,许多学者针对金融发展在不同时期对收入差距产生不同效应,提出了著名的库兹涅茨效应(倒"U"形效应),但他们在研究视角和技术方法上存在差异。如 Patrick Bolton[3] 研究了在不完全资本市场下财富的分布影响与收入差距的关系。一般来说可以分为两个阶段,在早期发展的启动阶段,个人没有足够多的遗传财富去启动个人工程,财富和收入不平等的加剧会指导少部分人通过借款方式去投资个人工程。在后期阶段,财富从最有钱人转移到中等阶层改善了这种不平等,这种转移是以激励为考量的。Philippe Aghion、Patrick Bolton[4] 构建了一个包含经济增长、收入不平等和不完全资本市场的模型,分析了资本积累的涓滴效应。借款人存在

---

[1] Raju Jan Singh and Yifei Huang, "Financial Deepening, Property Rights and Poverty: Evidence from Sub-Saharan Africa", IMF Working Paper, No. 196, 2011.

[2] Luca Agnello et al., "Financial Reforms and Income Inequality", *Economics Letters*, Vol. 116, 2018, pp. 583–587.

[3] Patrick Bolton, "Distribution and Growth in Models of Imperfect Capital Markets", *European Economic Review*, Vol. 36, 1992, pp. 603–611.

[4] Philippe Aghion and Patrick Bolton, "A Theory of Trickle-Down Growth and Development", *The Review of Economic Studies*, Vol. 64, 1997, pp. 151–172.

有限财富约束的道德风险是资本市场不完善的来源之一，同时也是永久性收入不平等出现的原因之一。研究结果发现，当资本积累率相当高时，经济收敛到一个唯一的不变财富分配，即便涓滴效应可以收敛到一个唯一的稳态分布，这仍然存在政府干预的空间。资本积累对收入不平等的效应呈现出类似于库兹涅茨曲线的特征。Priya Ranjan[1] 研究了信贷市场的不完善影响稳态收入、财富和人力资本投资的机制，贸易自由化和人力资本积累依赖于人力资本积累的激励、人力基本积累面临的借款约束以及收入和财富的分布。在信贷市场不完善程度低和技能充裕的国家，以及信贷市场不完善程度高和技能缺乏的国家，贸易自由化能够增加它们的人力资本投资，从而影响人力资本所带来的收入分配格局。Kenichi Ueda[2] 在 G—J 模型基础上进行简化和改进，采用动态模型讨论金融深化对收入分配的影响及其动态演化路径，论证了金融发展与收入差距的关系遵循库兹涅茨曲线。Spiros Bougheas 等[3]通过发展一种包含不完善资本市场的金融均衡模型，考虑银行贷款和直接金融共存的状态，发现金融发展依赖于最初的总财富水平以及在经济运行中的代理人分布状态，从而研究了收入分配对资本市场的影响。Hafeez Ur Rehman 等[4]试图分析不同国家组在不同的经济发展阶段收入分配出现差异的因素，验证了收入不平等随着收入增加而增加但随后下降的库兹涅茨效应，同时验证了收入不平等随金融发展先增加后下降的假说。Luca Agnello 等[5]使用 62 个国家 1973—2005 年的面板数据，发现金融改革、取消直接信贷补贴、过高的储备要求和证券市场政策的改进有助于形成一个更加公平的收入分配格局；同时，每单位资本收入与收入不平等之间存在库兹涅茨曲线关系。

第二，部分学者就金融发展对处于不同收入水平的居民所产生不同的

---

[1] Priya Ranjan, "Dynamic Evolution of Income Distribution and Credit Constrained Human Capital Investment in Open Economies", *Journal of International Economics*, Vol. 55, 2001, pp. 329 – 358.

[2] Kenichi Ueda, "Transitional Growth with Increasing Inequality and Financial Deepening", IMF Working Paper, No. 108, 2001.

[3] Spiros Bougheas et al., "The Open Economy Balance Sheet Channel and the Exporting Decisions of Firms: Evidence from the Brazilian Crisis of 1999", Discussion Paper, No. 67, 2013.

[4] Hafeez Ur Rehman et al., "Income Distribution, Growth and Financial Development: A Cross Countries Analysis", *Pakistan*, Vol. 46, No. 1, 2008, pp. 1 – 16.

[5] Luca Agnello et al., "Financial Reforms and Income Inequality", *Economics Letters*, Vol. 116, 2012, pp. 583 – 587.

结构效应进行了研究,得出了许多有价值的结论。如 Mitali Das、Sanket Mohapatra①在控制了国内经济基本面、世界经济周期运动和国别因素等变量后,对股票市场自由化与收入份额之间的关系进行了实证分析,发现股票重新估值导致了收入份额在股票市场自由化后发生变化,在实行股票市场自由化的国家收入水平提高了,其中占最高收入 1/5 的人口在自由化中获益,而中等收入群体在自由化中受损,占最低收入 1/5 的人口则保持大致不变。Thorsten Beck 等②基于 52 个发展中国家和发达国家 1960—1990 年的平均数据,分析金融发展对最穷 1/5 人口的收入增长的影响、私人信贷对最穷 1/5 人口的影响、收入分配的变化和金融中介发展的关系以及金融中介发展对社会改进的影响,发现金融发展对贫困群体是有益的;即使在控制了总收入的增长后,私人信贷也有助于穷人收入增加,这表明金融发展的收入分配效应是明显的。Gustavo Canavire-Bacarreza、Felix Rioja③研究了拉丁美洲和加勒比海金融发展影响收入分配的效应问题,认为最穷 1/5 人口的收入并没有受到金融体系扩张的影响,但金融发展对收入水平处于第 2 个五分位、第 3 个五分位以及第 4 个五分位的人口产生不同的正向效应,同时证实了 Greenwood-Jovanovic 的假设,即这些正向效应在金融发展达到一定程度后才出现。Dong-Hyeon Kim、Shu-Chin Lin④通过构建门槛回归计量模型发现,金融发展在超过一定门槛值之后有助于改善收入不平等,低于这一门槛值则不利于改善收入差距。具体而言,金融发展不成比例地提高了最穷 1/5 人口的收入从而降低收入不平等;金融发展对最穷 1/5 人口收入增长的长期效应中有 40% 来自收入不平等的下降,60% 的效应归因于金融发展对经济增长的促进。金融发展带来的结果是,每天依靠不到 1 美元生活的人群比例下降。Johan Rewilk 的⑤研究发现金

---

① Mitali Das and Sanket Mohapatra, "Income Inequality: The Aftermath of Stock Market Liberalization in Emerging Markets", *Journal of Empirical Finance*, Vol. 10, 2003, pp. 217 – 248.

② Thorsten Beck et al., "Finance, Inequality, and Poverty: Cross-Country Evidence", NBER Working Paper, No. 10979, 2004.

③ Gustavo Canavire-Bacarreza and Felix Rioja, "Financial Development and the Distribution of Income in Latin America and the Caribbean". IZADP Working Paper, No. 3796, 2008.

④ Dong-Hyeon Kim and Shu-Chin Lin, "Nonlinearity in the Financial Development – Income Inequality Nexus", *Journal of Comparative Economics*, Vol. 39, No. 3, 2011, pp. 310 – 325.

⑤ Johan Rewilk, "Finance Is Good for The Poor but It Depends Where You Live", *Journal of Banking & Finance*, Vol. 37, 2013, pp. 1451 – 1459.

融发展在某些特定的地方（如在非洲）有助于最穷 1/5 人口收入增加，在其他地方（如加勒比海）则不利于增收，因此，政府应该至少在短期进行干预为穷人提供金融供给。Anna Lo Prete① 使用获得金融投资收益机会的能力作为经济素养的代理变量，通过计量分析表明随着金融市场的日益复杂化，充分利用新的投资机会有助于降低收入分配不公平，并且金融发展与收入分配公平之间的实证关系需要经济素养来驱动。

（四）从政治经济学的视角研究金融发展与收入差距关系

部分学者从政治经济学的角度研究了金融发展对收入差距的影响，认为金融发展不仅产生经济效应，更产生政治影响，其结果是富人越富和穷人越穷，从而导致收入差距固化和加深。

Li Hongyi 等② 研究了不同国家不同时间收入不平等的变化，发现政治经济和不完全资本市场是主要原因，前者是指富人拥有较多的财富，通过贿赂官员使对他们有利的政策得以实施；后者是指金融发展不完善以及穷人无担保品抵押导致无法获得金融服务或者相对便宜的信贷，从而使得投资人力资本不足而导致收入无法提升。Acemoglu 和 Robinson③ 认为不平等的政治权利影响了金融服务获得的不平等性，最终产生了收入的不平等。经济上的不平等和金融欠发达都是由制度因素导致的，政治问责制是保证信贷执行和经济增长的前提条件。尽管金融改革可以支持经济增长，但是政治精英仍然会抵触这些变化，因为这会导致他们的政治影响或者租金降低。政治可获得性（political accountability）是合同执行和经济增长的前提条件，通过有倾斜的政治参与使建立起来的利益集团保护他们的租金，通过限制金融服务的获得压制了竞争和进入。Stijn Claessens、Enrico Perotti④ 通过新框架来解释已有的金融发展与收入不平等之间的关系。在许多发展中国家，获得资金和金融服务是对某些家庭和企业倾斜的，这表明有限的机会不仅反映了经济限制，而且反映了内部人所建立的障碍。收入

---

① Anna Lo Prete, "Economic Literacy, Inequality, and Financial Development", *Economics Letters*, Vol. 118, 2018, pp. 74 – 76.

② Li Hongyi et al., "Explaining International and Intertemporal Variation in Income Inequality", *The Economic Journal*, Vol. 108, 1998, pp. 26 – 43.

③ Daron Acemoglu and James A. Robinson, "Economic Origins of Dictatorship and Democracy", London: Cambridge University Press, 2009, p. 204.

④ Stijn Claessens and Enrico Perotti, "Finance and Inequality: Channels and Evidence", *Journal of Comparative Economics*, Vol. 35, 2017, pp. 748 – 773.

不平等能导致政治影响分布的不平等，因此金融管制经常被那些不平等的国家利益集团俘获。由于小部分精英获得大部分的收益而风险是社会化的，被俘获的改革并没有扩大机会，为增加金融机会而刺激的金融化措施可能在实际中强加脆弱性和不平等，进而在政治上遭到反对。

二　国内关于金融发展与收入分配差距的研究

关于金融发展与收入差距的关系问题，国内部分学者从不同的视角进行了研究，得出了不同的结论。

第一，有的学者认为金融发展导致了收入差距的扩大。章奇、刘明兴、陶然[①]基于1978—1998年省级数据，首次就我国各省银行信贷占GDP的比例对城乡收入差距的影响进行了分析。研究发现，采用全部国有或者国有控股银行的信贷水平衡量的金融中介发展不利于城乡收入差距的缩小，金融机构在涉农领域的资金配置缺乏效率，存在明显的"去农化"倾向。潘成夫[②]针对当前中国宏观国民收入分配比重向居民倾斜的格局，分析了当前金融发展的主要表现在金融总量的扩大上，而金融发展的总体水平出现滞后，导致了收入分配呈现逐渐拉大的趋势。因此，发展直接金融、政策性金融和加强金融监管是解决问题的关键。张立军、湛泳[③]以M_2/GDP衡量金融发展水平，以基尼系数衡量城镇居民收入差距，运用1980—2001年的数据研究两者之间的关系。结果表明金融发展扩大了城镇居民收入差距。温涛、冉光和、熊德平[④]基于1952—2003年的数据分析了金融发展与农民收入增长之间的关系，研究发现中国的金融发展抑制了农民收入的增加，同时农村金融发展造成了农村资金的大量外流，促进了城市居民收入水平的提高。杨俊等[⑤]利用1978—2003年的时间序列数据并以教育支出和经济增长为控制变量，研究了金融发展与全国、城镇、

---

① 章奇、刘明兴、陶然：《中国的金融发展与城乡收入差距关系的再检验——基于面板单位根和VAR模型的估计》，《当代经济科学》2007年第6期。
② 潘成夫：《我国金融发展与收入分配关系问题分析》，《南方金融》2004年第4期。
③ 张立军、湛泳：《我国金融发展与城镇居民收入差距的关系》，《财经论丛》2005年第2期。
④ 温涛、冉光和、熊德平：《中国金融发展与农民收入增长》，《经济研究》2005年第9期。
⑤ 杨俊、李晓羽、张宗益：《中国金融发展水平与居民收入分配的实证分析》，《经济科学》2006年第2期。

农村以及城乡居民收入分配的关系。结果发现，金融发展与全国居民收入差距之间的关系具有鲁棒性，即金融发展拉大了全国居民收入差距；同时金融发展的滞后拉大了全国、城市、农村的收入差距。解栋栋[①]基于1978—2004年的时间序列数据认为城市和农村金融规模的扩大和城市金融发展效率的提高是城乡收入差距持续扩大的格兰杰原因；农村金融发展效率的提高能够缩小城乡收入差距，两者存在统计学意义上的格兰杰因果关系。孙永强[②]构建一个包含城乡二元金融结构、城市化和收入差距的数理模型，通过VECM进行实证研究，分析了城市和农村外部融资对收入差距的影响，整体上来说城乡部门的外部融资有助于提高城乡收入水平，但因城乡外部融资规模不同，城乡收入差距过大，因此缩小城乡居民的收入差距的关键在于缓解二元金融结构和推进城市化。孙君、张前程[③]基于中国1978—2009年的数据研究城乡金融发展规模和效率的不平衡对城乡收入差距的影响，发现城乡金融发展不平衡与城乡收入差距之间存在长期协整关系，金融发展的规模和效率不平衡均扩大了城乡居民收入差距。

第二，有的学者认为金融发展能缩小收入差距，如苏基溶、廖进中[④]利用2001—2007年省际面板数据，结合GMM估计方法，分析了金融发展对中国收入分配和贫困的影响。研究发现，金融发展更有利于贫困家庭的收入增加，使贫困家庭的收入增加率高于人均GDP增长率，从而有利于促进收入平等。其中，贫困家庭的收入增长中有31%归因于金融发展的分配效应，69%归因于金融发展的增长效应。孙亮、尹洁[⑤]阐述了金融发展的多维度内涵，研究了金融发展导致收入差距效应的传导机制，从理论分析、现状趋势分析和计量分析三个角度进行阐述，发现金融功能作为金融发展的核心与收入差距负相关；而金融规模与收入差距存在倒"U"

---

① 解栋栋：《金融发展不平衡与城乡收入差距关系的经验研究》，《世界经济情况》2008年第7期。
② 孙永强：《金融发展、城市化与城乡收入差距研究》，《金融研究》2012年第4期。
③ 孙君、张前程：《中国城乡金融不平衡发展与城乡收入差距的经验分析》，《世界经济文汇》2012年第3期。
④ 苏基溶、廖进中：《中国金融发展与收入分配、贫困关系的经验分析》，《财经科学》2009年第12期。
⑤ 孙亮、尹洁：《金融发展与居民收入差距的互动传导机制研究——以上海为例》，《经济管理》，2009年第11期。

形关系；金融危机的发生拉大了收入差距。洪雪峰、王志江①基于 1981—2006 年时序数据，并通过计量方法研究金融发展和城乡收入差距的双向关系，结果发现金融发展导致收入差距过大，但城乡收入差距对金融发展没有反馈作用，库兹涅茨的倒"U"形效应并不存在。张文、许林、骆振心②在分析金融发展对收入分配作用机制的基础上，运用 1978—2006 年的统计数据发现金融发展能够缓解经济增长导致的收入差距的负面效应，因此，导致收入差距过大的原因不在于金融发展而在于经济增长模式。

第三，关于金融发展与收入差距之间是否存在倒"U"形关系的检验。方文全③基于中国 1978—2003 年的数据，同时发现两者符合库兹涅茨效应关系，原因是金融发展会带来金融结构的变化，可有效地促进产业部门扩张和效率提高，从而扩大了收入差距。陈伟国、樊士德④将金融发展分解为金融规模、金融活动和金融效率三个方面，采用计量分析发现金融发展与城乡收入差距之间存在倒"U"形关系，即库兹涅茨的倒"U"形效应。同时提高金融发展效率能缩小城乡收入差距。李志军、奚君羊⑤从人力资本投资、劳动力需求和投资收益三个角度分析了金融发展导致收入差距的作用机制，并分别验证了金融发展分别与全国收入差距、城镇收入差距和农村收入差距三个维度上均存在库兹涅茨的倒"U"形效应，研究发现目前金融发展在整体水平上对收入差距存在扩大效应，但这种效应在迅速递减，同时金融发展的不断推进将缩小中国的收入差距。吴拥政、陆峰⑥收集了 1912 个县市样本 2005 年、2007 年和 2009 年的数据，采用 Kendall-τ 非参数检验方法，发现分组检验的结果在整体上不存在明显的倒"U"形特征，而是"U"形关系，在局部存在"U"形和倒"U"形特征。

---

① 洪雪峰、王志江：《中国收入差距与金融发展的实证分析》，《统计与决策》2009 年第 2 期。
② 张文、许林、骆振心：《金融发展与收入分配不平等：回到 G—Z 假说》，《当代财经》2010 年第 11 期。
③ 方文全：《中国收入差距与金融发展关系的实证分析》，《江淮论坛》2006 年第 1 期。
④ 陈伟国、樊士德：《金融发展与城乡收入分配的库兹涅茨效应研究——基于中国省级面板数据的检验》，《当代财经》2009 年第 3 期。
⑤ 李志军、奚君羊：《中国金融发展与收入差距的倒 U 关系分析》，《上海经济研究》2012 年第 9 期。
⑥ 吴拥政、陆峰：《区域金融发展与城乡收入分配差异变化：是倒 U 还是 U？——基于 2005—2009 年样本县市数据与非参数检验方法》，《区域金融研究》2012 年第 4 期。

第四，有些学者认为金融发展对收入差距具有结构效应。姚耀军[①]基于中国 1978—2002 年的数据通过矢量自回归模型及其协整分析发现，金融发展与城乡收入差距之间存在长期均衡关系。其中，金融发展的规模与城乡收入差距正相关，效率与城乡收入差距负相关，原因在于金融发展的非均衡性，解决这一问题的关键在于深化农村金融改革。孟亚强、赵石磊[②]以 FDI、农业支出、教育投资、人均资本存量和城市化为控制变量，研究中国 1978—2006 年金融发展规模、效率、结构分别与城乡、城城、村村收入差距的因果关系。从格兰杰意义上来看，金融发展规模和效率是城城收入差距和城乡收入差距的单边原因，其中金融规模和收入差距呈现显著正相关的特征，效率和结构与其呈现负相关的特征。乔海曙、陈力[③]从金融集聚理论的角度分析了金融发展影响城乡收入差距的内在机理，并应用 Kendall—τ 非参数检验和分位数的方法对两者的关系进行了实证检验。从县域金融截面数据来看，金融深度分位数小于 20% 的地区，城乡收入差距显著扩大；金融深度分位数在 20%—70% 的地区，两者相关性不显著；而金融深度分位数大于 70% 的地区，城乡收入差距显著缩小。胡宗义、刘亦文[④]基于 2007 年县级截面数据采用非参数的计量方法对金融发展的收入差距效应进行研究，发现随着县域金融发展水平的提高，金融深度与收入差距的关系依次出现正相关、不显著、负相关的特征，同时城乡收入不平等在空间上逐渐收敛，而在金融深度的 0.2—0.6 分位数水平区间段内出现拐点。张中锦[⑤]发现金融发展对收入差距具有门槛效应和非均衡效应，拉大了城乡居民收入差距。丁忠民、朱晓姝[⑥]通过 VAR 研究了重庆市 1978—2011 年金融发展的收入差距效应，发现金融发展规模在整体上扩大了城乡收入差距，金融发展效率提升、政府对农业的支出以

---

① 姚耀军：《金融发展与城乡收入差距关系的经验分析》，《财经研究》2005 年第 2 期。
② 孟亚强、赵石磊：《城乡分割、收入不平等与金融发展——基于中国 1978—2006 时间序列数据的实证研究》，《产业经济研究》2008 年第 5 期。
③ 乔海曙、陈力：《金融发展与城乡收入差距"倒 U 形"关系再检验——基于中国县域截面数据的实证分析》，《中国农村经济》2009 年第 7 期。
④ 胡宗义、刘亦文：《金融非均衡发展与城乡收入差距的库兹涅茨效应研究——基于中国县域截面数据的实证分析》，《统计研究》2010 年第 5 期。
⑤ 张中锦：《金融发展效应、收入增长与城乡差距》，《中国经济问题》2011 年第 7 期。
⑥ 丁忠民、朱晓姝：《金融发展与城乡居民收入差距的实证研究》，《贵州财经大学学报》2013 年第 4 期。

及固定资本存量有助于缩小居民收入差距,同时发现了在短期金融发展效率的提高扩大了城乡收入差距。袁玉军、王静[1]将金融发展分解为规模和效率两个变量,以 GDP、第一产业比值和城市化为控制变量,对中国 1980—2008 年省级数据进行面板协整和面板 ECM 模型回归,发现金融发展规模在短期和长期拉大了城乡收入差距,而金融发展效率在短期效果不显著,在长期缩小城乡收入差距。第一产业产值比重降低对农民具有增收效应,而城市化的作用则不明显。王颖华、王静[2]则基于 1995—2010 年 29 个省级面板数据发现金融效率的提高能在短期和长期缩小收入差距,而金融规模的扩大则拉大收入差距,且对收入差距的效应要小于金融规模。贾健、徐展锋、葛正灿[3]构建 Cobb-Dauglas 方程、E-G 两步协整检验和 ECM 模型发现江西省金融资源的城乡不均衡分布对城乡居民收入差距扩大具有短期和长期效应。

第五,还有些学者认为中国金融发展对收入差距的影响存在区域差异。孙永强[4]基于中国 30 个省级面板数据揭示了对外开放、金融发展与城乡收入差距之间的短期波动效应和长期稳定关系。分析发现,金融发展对收入差距的影响大于对外开放,同时金融发展可通过对外开放影响收入差距,即对外开放具有明显的中介效应。就地区差异来看,金融发展随着对外开放水平的提高而拉大收入差距,其中东部最明显,而且东部和中部地区对外开放具有正的中介效应,而西部地区则相反。冉光和、鲁钊阳[5]基于中国 1993—2009 年的 29 个省级单位的数据,通过以金融发展为门槛变量的面板门槛回归,发现金融发展在对外开放导致收入差距中具有双门槛效应。同时,东部沿海地区的金融发展水平高而收入差距小,西部则相

---

[1] 袁玉军、王静:《金融发展与城乡收入差距关系的实证分析》,《云南财经大学学报》2012 年第 4 期。

[2] 王颖华、王静:《金融发展与居民收入差距的关系研究》,《广西社会科学》2013 年第 5 期。

[3] 贾健、徐展锋、葛正灿:《城乡居民收入差距与金融非均衡发展关系研究》,《区域金融研究》2012 年第 3 期。

[4] 孙永强:《金融发展、对外开放与城乡收入差距——基于 1978—2008 年省际面板数据的实证分析》,《金融研究》2011 年第 1 期。

[5] 冉光和、鲁钊阳:《金融发展、外商直接投资与城乡收入差距——基于我国省级面板数据的门槛模型分析》,《系统工程》2011 年第 7 期。

反。王子敏[①]基于中国省级数据构造了空间计量模型,研究了经济发展过程中金融发展的收入差距效应,发现城乡金融发展差距每增加1个百分点,城乡居民收入差距则增加0.15个百分点,无论是直接管道还是间接管道,经济增长有助于缩小城乡的收入差距。胡月、刘文朝[②]基于中国财政分权改革的情况,采用1985—2017年29个省份的数据,认为1985年的财政分权制度的变革使得金融发展缩小了城乡收入差距,而1994年的分税制改革则相反,原因在于地方政府之间的过度经济竞争,同时不合理的金融结构更恶化了这一结果。

在国内关于金融发展与收入差距的文献中,对金融发展的变量主要采取了戈氏指标或者麦氏指标。鉴于中国间接金融与直接金融的发展不协调,其中间接金融发展对收入差距存在直接的作用机制和间接的作用机制,直接金融中还存在股票市场和债券市场的发展的不协调,因此在分析金融发展对收入差距的作用上存在两个方面的问题:一是西方金融发展理论对收入差距的机制分析显得单薄,应综合运用马克思金融发展理论和西方金融发展理论来进行逻辑分析;二是关于金融发展与收入差距的研究,应该分别将以货币资本为代表的间接金融发展和以虚拟资本为代表的直接金融发展对收入差距的作用进行实证检验,同时应该考虑到金融发展对收入的直接效应和间接效应。因此,本书在已有基础上作进一步综合性探讨,以便形成全面的理论分析和实证检验。

第四节　研究思路和研究方法

一　研究思路

本书的研究思路是从马克思主义经典文献和已有的关于金融发展和收入分配的理论基础出发,并基于马克思金融资本理论对中国金融发展特征重新界定,继而用灰色关联模型对两者之间的动态关系进行一个粗略的模拟,从而在实证上有一个逻辑预判。当前金融体制在金融发展中的影响仍然存在,在对两者之间的关系进行一个理论分析之前先考察金融体制

---

① 王子敏:《经济增长过程中的金融发展与城乡收入差距——基于省际面板数据的空间计量》,《南京邮电大学学报》(社会科学版)2017年第6期。

② 胡月、刘文朝:《财政分权、金融发展与城乡收入差距》,《区域金融研究》2018年第4期。

（主要受政府主导）在金融发展中的作用。金融发展对收入差距的影响不仅是直接的也是间接的，直接的影响重要表现在金融产品（金融资本）的种类和数量与金融功能上，同时金融发展的稳定与不稳定也会导致收入分配效应。间接的效应主要体现在金融发展或者说金融资本的形成、运动和积累通过影响客观生产条件和主观生产条件继而对收入差距产生影响。考虑到中国金融发展存在不平衡的特征，分别就货币资本化和虚拟资本化与收入分配差距进行实证分析，最后对全书进行总结，并提出政策建议和研究的进一步展望。

二 研究方法

1. 理论分析与实证分析相结合。理论分析从本书中归纳的研究框架入手，在对中国金融发展总体概貌分析的基础上，对中国金融发展阶段进行界定和分析，进而在存在政府干预金融体制的情况下分析金融发展与收入差距之间的关系，同时对金融发展对收入差距的影响机制做出进一步的分析。实证分析则对金融发展阶段与城乡收入差距之间的动态相关性进行了测度，鉴于货币资本化与虚拟资本化之间的差距，将二者分别与收入差距进行实证检验。

2. 历史分析与逻辑分析相结合。通过对中国改革开放以来的金融发展阶段进行纵向梳理和分析，探究了中国金融发展的阶段性特征，并根据马克思的金融资本理论对阶段特征重新界定。逻辑分析是通过对金融发展的概念进行界定，然后在概念界定的基础上纳入中国实情，构建一个统一的分析框架。通过历史分析与逻辑分析相结合，揭示了金融发展是中国收入差距变化的一个重要原因。

3. 静态分析与动态分析相结合。金融发展是一个动态的概念，需要从历史和逻辑的动态角度进行分析和探讨。收入差距也存在变化，不同时间段的收入差距是不同的。因此，对于二者之间的关系的分析应使用动态分析的视角。另外，由于金融功能具有一致性和稳定性，这就需要采用静态分析的方法。

第五节 研究内容

全书内容简介如下。

第一章为导论。作为全书的起始部分，具体阐述了金融发展与收入差距的研究背景、研究意义、国内外相关文献、研究方法、研究思路以及研究中存在可能的创新与不足。

第二章为金融发展与收入分配差距的理论分析。首先利用马克思金融资本理论形成演进的脉络概括出金融发展理论，然后对西方金融发展理论中关于金融发展与收入分配、收入差距关系的观点进行系统性梳理，并结合中国金融发展出现的情况对原有的理论进一步完善和拓展，以得出支撑本书研究的分析范式。

第三章为中国金融发展与收入分配差距的特征事实。从总体和结构两个层面分别对中国的金融发展和收入差距的特征进行剖析。鉴于中国特殊的国情、体制转轨、经济发展等多种情况交织在一起，将中国金融发展阶段重新界定为货币化、货币资本化与虚拟资本化阶段，并分析了金融发展的结构性特征，货币资本的载体（如银行中介机构）与虚拟资本的载体（如股票、债券等金融市场等）的发展结构。在分析中国收入差距时以城乡收入差距为主，从收入等级、收入来源等方面进行剖析后，对金融发展与城乡收入差距的动态相关性进行了测量。

第四章为政府在金融发展中的作用。政府基于自身效用函数、经济发展、体制转轨、经济理性等考量干预和影响金融发展，进而影响到收入分配和收入差距。同时，政府发行国债产生了直接的收入分配和收入差距效应。

第五章为金融发展导致收入分配差距的机制分析。金融发展对收入差距存在直接效应和间接效应。在金融发展的过程中，金融资本的各种有价证券形式被生产出来，居民通过金融产品的交易直接影响了收入分配格局，其中最明显的是居民的储蓄总额。金融功能中资源配置、信息处理与风险管理功能对收入分配也产生了直接影响。此外，金融稳定性发展对收入分配格局的改善也有直接作用。金融发展可以通过客观生产条件和主观生产条件间接影响收入分配和收入差距，同时就金融发展通过主观生产条件影响收入差距做出一个数理分析。

第六章为货币资本化与收入分配差距的实证检验。货币资本运动和积累的载体是银行中介机构，本章在回顾了银行发展历程后，借鉴相关文献和考虑中国各省金融发展不平衡，故采取了面板计量分析。在控制了一些变量后，发现货币资本化与收入分配差距之间的关系存在省际上的异质性，并非已有文献中提出的单纯的扩大、缩小和倒"U"形关系。

第七章为虚拟资本化与收入分配差距的实证检验。通过对已有关于虚拟资本运动积累的载体——资本市场发展与收入差距关系的文献的梳理，构建了包括虚拟资本、人力资本与收入分配差距的数理模型，发现虚拟资本市场的发展会导致人力资本积累或主观生产条件的差距进而产生收入差距。最后构建一个包含虚拟资本化和城乡收入差距的向量自回归模型（VAR），发现以债券为表现形式的虚拟资本在拉大收入差距上强于股票。

第八章为结语。作为全书的总结，对全书研究结论、相关的政策内涵以及本书进一步研究的方向作一个阐述。

第六节　研究创新与不足

一　研究中可能存在的创新之处

第一，从理论上来说，对金融发展与收入差距关系的研究较多，但主要是基于西方金融发展理论对收入分配差距进行分析；针对中国国情进行系统分析的较少，因此本书借鉴马克思金融资本理论和方法论，通过对金融资本的形成、运动、积累和增殖进行系统性梳理，阐述了马克思金融发展理论与剩余价值分割理论之间的天然关系，并对中国金融发展阶段进行重新界定。在对金融发展与收入分配差距关系进行理论探讨时，又辩证性地吸收西方金融发展理论。因此，本书可能存在的创新之处在于理论上以"马"为本、以"西"为辅，将马克思金融发展理论和西方金融发展有机地融合在一起，对中国金融发展以及收入分配差距的金融成因进行研究。

第二，从实证分析上来看，重新对金融发展特征进行了货币化、货币资本化以及虚拟资本化界定，从计量分析和数理模型，分别对货币资本化和虚拟资本化与收入分配差距之间的关系进行实证检验。

二　研究中存在的不足

第一，数据可得性的问题。在进行实证检验时，金融资本需通过某些控制变量对收入分配差距产生间接效应，而这些变量的省级数据无法获取。

第二，金融发展通过直接与间接渠道对收入分配差距产生影响。在理论分析中可以分别进行探讨，但在计量分析上由于技术难度问题未能对这两种效应进行分离。

第三，本书在实证分析中并未考虑开放经济条件下国际金融资本的运动、积累和增殖所带来的影响。当前金融全球化一体化的格局已经形成，国际金融资本也发展到超级垄断国际金融资本阶段，这对国内居民收入差距的影响是明显存在的，而这在实证检验中因难以测度而未能进行，这是本书进一步研究的方向。

第七节　本章小结

本章作为全书导论部分，引出全书金融发展与收入分配差距话题，对研究背景与研究意义、研究方法、研究内容、文献综述、研究创新与不足等进行了介绍，起到统揽全书的作用。

第二章

金融发展与收入分配差距的理论分析

第一节 马克思关于金融发展与收入分配差距的相关理论基础

在马克思的著作中并未对金融发展和金融资本进行直接分析，但是在《资本论》第三卷中的第四篇和第五篇，马克思对借贷货币资本和虚拟资本进行过详细的分析，为后续马克思主义经典作家研究金融资本和金融发展理论提供了扎实的基础。《资本论》第三卷的副标题是"资本生产的总过程"，将各种具体形式的资本逐一展开论述，而对金融发展的论述也遵循着由抽象上升到具体的一般逻辑过程。金融发展理论是以各种具体形式的金融资本形成、运动和积累以及相伴随的剩余价值和平均利润的分割为主线进行阐述的。其中借贷货币资本和虚拟资本获得相应的增殖程度，分割平均利润和剩余价值的一部分。从国民收入的角度来说，剩余价值是国民收入的一部分（国民收入等于 V + M），对金融发展进程中剩余价值和（平均）利润的分割直接表现为收入分配和收入差距。由于马克思、恩格斯主要从资本的角度论述金融发展和剩余价值的分割，在第 48 章 "三位一体的公式"中提道："剩余价值随着资本形式的展开采取相应的分配形式"，同时在第一卷中第 23 章中分析工资和资本积累的关系中特别关注"资本的增长对工人阶级命运的影响"[①]，因此，金融资本的运动和积累与收入分配是紧密联系在一起的。此外，从《资本论》的整体研究思路也

---

① 《马克思恩格斯全集》（第 23 卷），人民出版社 2006 年版，第 642 页。

可以发现，资本具有自然属性和社会属性，这社会属性即承载了人与人之间的利益关系，而收入分配关系则是其中非常重要的经济关系。下面就金融资本逐一具体进行分析和解剖，以便从中归纳出与国民收入结构类似的剩余价值分割结构，并找出金融发展和收入差距之间的内在逻辑和相关理论基础。

一 金融发展与货币化

马克思对金融发展的论述是以金融资本的视角进行展开的，而金融资本的逻辑起点在于商品资本和货币资本向商品经营资本和货币经营资本的转化。通过这两个转化的阐述，马克思从实体经济生产过程的产业资本和流通过程的商业资本的论述过渡到货币资本和虚拟资本的论述。

商品经营资本与货币经营资本同为商人资本（商业资本）的两个亚种。由于社会分工的需要，商品经营资本是产业资本中具有商品形式、处于社会流通过程中执行商品职能的部分逐渐从产业资本中独立出来，专门从事流通和交易的业务，成为一种与产业资本相对立的独立形式的资本。它作为商品的形式，以及作为商品资本在市场中经历买卖而发生的形态变化，成为产业资本总生产过程中的一个阶段。商品经营资本的主体即商品经营者，通过对商品的买卖业务获得比例于自身投入的货币资本额的收益。因此，商品经营资本的这种属性就决定了商品经营者应获得平均利润，通过转化的方式占有剩余价值。

商品经营者的货币资本的运动和积累也进一步强化了商品经营者获得剩余价值的规定性。在资本主义生产背景下，商品经营资本中一部分处于货币资本的形式，以便从产业资本家（厂商）那购买商品资本；另一部分处于商品资本的形式，以便与消费者相对立实现剩余价值。商品经营者首先以货币资本家的形象出现在市场上，通过向市场中投入 G 的货币额（货币资本），与产业资本家的 W（商品资本）相交换，然后商品经营者获得自己的商品资本，为后续的销售行为做好准备。另外，产业资本家的商品资本通过交换获得了商品经营者的货币，从而为后续的再生产或者扩大再生产准备了产业资本中的货币资本，使得生产过程不至于萎缩和中断。继而，商品经营者以商品资本的主体出现在市场上，通过与消费者或者其他厂商相对立将自己的商品资本转化为货币资本，从而实现了"惊险地跳跃"，不仅实现了自身货币资本的复归（G），而且获得了额外的货

币资本 ΔG。商品经营资本的运动形式：$G - W - G'$，其中 $G' = G + \Delta G$。

商品经营者通过自身的货币资本而实现了资本的增殖，通过买价和卖价①的差额获得相应的报酬 ΔG，从而在剩余价值的分割中，获得属于自身的一部分。这种报酬是在与产业资本的矛盾中形成的，与生产领域的产业资本一起获得了平均利润。

在商品经营资本的运动和积累中，货币资本在与产业资本家的商品资本的交换中执行了流通手段的职能，这意味着货币（或者货币资本）在商品交换中的重要作用，而在生产过程中，货币资本执行了流通手段和支付手段的职能，这些均反映了它运动、积累和增殖的特征。

二　金融发展与货币资本化

货币资本化是马克思对金融发展研究的一个重要内容，它同时也是资本主义社会中金融资本发展的一个逻辑基础。货币经营资本从产业资本中独立出来，成为货币资本化的开端，随后生息资本、借贷资本等的出现和发展，使得货币资本化成为一种普遍的金融现象。

货币经营资本是商人资本中的另外一个亚种，是从产业资本和商品经营资本的发展中分化衍生的并通过技术上的业务独立执行货币资本职能的资本，在产业资本和商品经营资本的运动中起中介作用，正是因为这种质的规定性，货币经营资本也要获得平均利润。货币经营资本的主要业务有三方面：一是作为流通手段的货币，比如货币出纳、保管以及簿记和会计等；二是作为支付手段的货币；三是作为积累手段的货币。在这里，货币经营资本执行流通手段还是支付手段，取决于商品交换的形式。它与商品经营资本的区别在于，货币经营资本与货币流通有关，而后者与商品流通有关。

货币经营是社会再生产过程中的一项重要职能。货币经营者的货币资本的总量，就是商人和产业资本家的处在流通中的货币资本，由于这一资本独立出来作为货币经营资本与其他资本相对立，作为中介去实现商人和产业资本的活动。② 货币经营资本的运动形式：$G - G'$。G 作为可能的货币

---

① 商品经营资本家的买价等于产业资本家的售价，即生产价格，而卖价为生产价格加上一个加价，这个加价是由平均利润决定，有的论述中将商业经营资本家的买价和卖价命名为商品资本的实际价值和名义价值。

② 马克思、恩格斯：《资本论》（第3卷），人民出版社2004年版，第359页。

资本存在，其中一部分作为购买手段的准备金，另一部分作为支付手段的准备金，同时根据出售得到的货币和到期的进款重新形成贮藏货币。由于 G 的预付，会产生出 $G + \Delta G$。货币经营资本家需要将自身货币资本中执行货币职能的一部分垫支在流通费用中。从《资本论》第三卷中可以看出，货币经营资本作为一种起中介作用的资本，即使马克思对其报酬 ΔG 没有量化，也可以清楚地看到 ΔG 获得的是平均利润，如果不是平均利润，根据资本的增殖性和流动性，则会流动到产业资本或者商品经营资本中以获取相应的报酬。由于货币经营资本具有资本属性，货币经营者根据投入的货币经营资本在剩余价值和平均利润分得自己应得的一份。货币经营资本标识了货币资本化进程的开始和发展。

生息资本的古老形式是高利贷资本，现代形式是借贷资本，发达形式是银行货币资本。生息资本的运动形式为 $G - G'$，这种资本运动的形式是没有生产过程和流通过程作为中介的，这使得资本的拜物教属性上升到一个高度，仿佛生息资本的所有者通过资本的流通直接参与剩余价值的分割。其特征是"它的表面的、已经和作为中介的循环相分离的流回形式"。①

借贷资本是货币资本，是具有独立形式和特殊形式的货币资本。货币资本之所以能成为借贷资本，原因在于货币资本具有一种额外使用价值的价值②，既不同于一般商品的使用价值，也不同于作为货币的使用价值，这种额外的使用价值在于通过对这种使用价值的发挥，可以与劳动力等生产要素相结合，从而在生产过程中生产剩余价值和获得平均利润。借贷资本家把它的资本使用权让渡给职能资本家，而不是将货币资本出售。只有在职能资本家通过资本职能获得剩余价值和利润之后才将利息（幼仔）返还给借贷资本家，一般商品的价格是商品价值的货币表现，而利息不是货币资本价值的货币表现，它代表着货币资本的逐利性和增殖性。利息在数量上等于一部分平均利润，不可能高于平均利润，因此平均利润的下降使得利息倾向于下降，由于货币资本市场或者借贷资本市场的供需和竞争关系，利息存在一定的波动，它出现在市场上与产业资本、商业资本相对

---

① 马克思、恩格斯：《资本论》（第3卷），人民出版社2004年版，第388页。
② 正如马克思在《资本论》（第3卷）第441页中阐述的那样："像在劳动力的场合一样，在这里，货币的使用价值是创造价值，创造一个比它自身所包含的价值更大的价值。"

立，因此借贷资本的存在和形成是以资本主义特有的生产方式以及与之相适应的交换方式和流通方式为背景的。① 在质量上利息是货币资本家借以占有一部分剩余价值的特殊的独立形式。货币资本家和职能资本家共同剥削工人，职能资本家是直接剥削劳动工人，而货币资本家则通过职能资本家间接剥削工人。

货币资本的所有者将资本借给产业资本家，运动公式为 $G - G - W - P - W' - G' - G'$，货币资本的所有者将资本借给商业资本家，运动公式为 $G - G - W - G' - G'$，这就是借贷资本的运动形式。在这种借贷交易下，货币资本所有者与职能资本家相对立，同时资本主义关系得到最充分的歪曲、神秘化和偶像化，仿佛剩余价值和平均利润的来源是货币资本。

随着商业信用和银行信用等信用制度的发展，资本主义生产方式的特殊性使商品经营业与货币经营业同时得到广泛发展，货币经营业管理货币资本和生息资本，因此，随着规模的扩大银行中介应运而生。银行资本由两部分组成，一部分是现金，包括金和银行券；另一部分是有价证券，包括汇票和公共有价证券，其中公共有价证券包括国债券（代表过去的资本）、国库券和各种股票（代表未来收益的支取凭证）。银行资本大部分是虚拟的，正如马克思在文中指出："所以这些证券实际上都只是代表已经积累的对于未来生产的索取权或者权利证书，它们的货币价值或资本价值，或者像国债那样不代表任何资本，或者完全不决定于它们所代表的现实资本的价值。"② 因此，这些价值已经与劳动力在必要的社会劳动时间里创造的价值脱离了，形成了自身独有的运动机制和价值积累机制。

从银行资本的来源来看，银行资本包括银行家自身的资本和依靠银行信用吸取的其他借贷资本。银行家将货币资本家的货币资本（生息资本）和借贷资本、产业资本家和商业资本家的暂时处于闲置状态的一部分以货币形式存在的资本，③ 以及各种居民阶层的储蓄货币通过银行中介转贷给职能资本家发挥作用。另外，银行资本家不仅放贷现金，而且通过自己的银行信用（银行信用高于商业信用）将一些没有黄金作保障的票据和银

---

① 这种表述涵盖了这种可能性：平均利润下降了，利息也可以上升。例如，平均利润率从 10% 降低到 8%，而利息率可以从 2% 上升了 2.5%。

② 马克思、恩格斯：《资本论》（第 3 卷），人民出版社 2004 年版，第 532 页。

③ 由于职能资本家需要将一部分货币资本或者货币资金用作准备金，以保证生产过程和流通过程的连续性，故只能将一部分货币资本放贷出去，作为生息资本行使增殖的功能。

行券即虚拟资本贷给职能资本家，同时银行资本家根据发行的银行凭证代替商业票据和私人票据，成为更流行的流通工具，并对这种流通工具收取一定的费用（用利息来表示），将这些银行票据变成了生息资本。此时，信用凭证（银行票据、凭证和银行券）成为虚拟资本的物质承担者。

银行资本中的现金、银行券和金属货币等可以作为货币资本，因此这些货币资本与前述一样，在运动与积累中实现增殖，其增殖的程度取决于银行存贷利差。

银行资本是银行家以自身资本和他人资本的形式获得剩余价值和利润，而银行资本的利润在于银行通过放贷和投资于国债、股票等有价证券的收益与银行家利用货币资本家的货币资本或者货币额的成本之差。

三　金融发展与虚拟资本化

金融发展到一定程度，虚拟资本在经济金融中的比重越来越大，使用范围越来越广泛。通过虚拟资本进行资源配置、剩余价值以及利润（平均利润）分配的比重也越来越大，从而使得虚拟资本化成为金融发展中的显著特征。

虚拟资本是一种其运动和积累机制独立于职能资本但又与职能资本相联系的资本。虚拟资本的价值是想象的、虚拟的，在数值上等于固定的有规则的收入除以利息率，它是在未来时间内以定期获取货币收入（利息）形式出现的那部分剩余价值的要求权和索取权的证明，是一种获得收益的权利证书，这种权利具有商品和资本的规定性，具有商品的规定性说明它能够自由买卖，其价格受到利息率的调节，具有资本的规定性说明谁拥有这种权利，就相当于拥有货币收入或者其他形式的增殖收益。虚拟资本包括汇票、股票、国债券、国库券，以及没有保证金的银行券和银行票据。其中，汇票、股票和债券是代表现实资本的所有权证书。

汇票是一种基于商业信用的对到期支付的要求权，也是一种债权，是要求商品债务人在一定时间内支付票面金额的权利证书。自从有商业汇票以后，商品不是为了取得货币而卖，而是为了取得定期支付的凭据而卖。这种汇票，直到它们期满、支付日到来之前，本身又可以作为支付手段来流通，形成真正的商业货币。

股票是职能资本所有权的证书，是现实资本的"纸质复本"，是未来剩余的索取权证书，它证明持有者有权定期获得一定的收入，但不能支配现实资本。股票在发行市场上发行的时候,代表了相应的现实资本,也就是说股东将自己的货币资本转化为职能资本家的现实资本,但是股票在流通市场上的流通使它自身的虚拟性更高了,它自己可以作为独立的买卖对象,不以实际资本运动为转移而独立地进行本身的循环和积累,这种积累完全使股票的价值成为一种收益权利的积累,与生产过程中的价值积累脱离,它们的货币价值或者资本价值"完全不决定于它们所代表的现实资本的价值"。[1] 随着金融的发展,金融创新使得以股票为标的的许多金融衍生工具逐渐产生,成为虚拟资本的二次方、三次方。

国债是国家基于国家主权信用向社会募集的资金,而国家的收入来源于税收,因此,国债的发行相当于收入从居民转移到国家中。国债筹集的资金是在当期当作收入消费了,不是当作资本使用,它代表的是已经消灭的资本的"纸质复本"。国债购买者和持有者的货币并没有经过一系列运动转化成职能资本,他们获得的是定期获得货币收入的权利,是一种权利的证明。国债是比汇票、股票和债券的虚拟性更强的虚拟资本。国债的运动和积累,造成国家与居民、企业之间的货币资本的运动,从而在一定程度上体现了这三者之间的收入分配格局。

债券是另一种虚拟资本,其价格是受到债券市场波动的影响,它遵循着与利息率相反的方向的运动。因此,债券可以成为投资和投机的对象。将货币投资在债券上,也就是将货币或者货币资本转化为虚拟资本,获得一定的利息收入,同时从价格涨落中获得买卖价差收益。

银行券(没有黄金保障的,由发行部发行的)和银行票据(代替商业票据和私人票据进行流通、运动和积累,可表现为生息资本),它的物质承担者是比商业信用等级高的银行信用(银行资本家认为的无任何真实贵重物品作担保的信用),这使得虚拟资本的积累是一种与生产过程中的价值积累相脱离的收益权及其权利证书的积累。

另外,虚拟资本也可以由其他资本转化而来,比如借贷资本可以向虚拟资本进行转化,货币资本家的资本贷给职能资本家之后,就转化为货币的所有权证书。

虚拟资本的积累,一方面是对获取收入的证书的积累;另一方面,造就了一大批不从事工商业活动但获取一定货币收入的中间层和食利者阶级

---

[1] 马克思、恩格斯:《资本论》(第3卷),人民出版社2004年版,第531页。

的成长。这类阶级通过持有货币资本、借贷资本和虚拟资本等金融资本参与剩余价值的分割,改变了 $V+M$ 的分配结构。

这里值得一提的是,有价证券(如股票和债券等,运动形式为 $G-D-G'$,其中部分有价证券能够生息且易于向货币资本转化,也被视为生息资本)的投资者不仅有个人,还有许多法人和组织,从事有价证券的买卖发展成为一种规模很大的商业,它的中心是证券交易所,这种商业与一般的商品经营业不同之处在于它是巨大财富与收入发生分配和再分配的一个重要领域,在交易所里面的证券交易,看上去只是有价证券的买卖,即有价证券与货币资本之间的运动、积累和相互转换,实则是交易所的专业投资家和机构投资者通过有价证券席卷公众(包括中小食利者阶层)财富和收入的一种方法,换言之,有价证券的运动与积累,导致了各阶层之间的收入和财富流动,这种流通虽然与现实资本的积累相脱节,但导致各阶层的收入分配发生了很大的变化。

四 对本节的总结

通过对马克思关于金融发展与剩余价值分割分析的梳理中可以看出,生息资本和虚拟资本等现代金融资本的运动和积累不仅是一种增殖机制,同时也是各种资本所有者阶层在 $V+M$ 中进行分割的内在机制,各个资本所有者根据自身的资本规模、资本运动和资本增殖程度获得相应的收益。因此,金融资本的运动和积累也就与剩余价值的分割和收入分配直接发生关系。随着金融的发展,经济体中货币化、货币资本化以及虚拟资本化在生产、分配、交换和分配中的范围越来越广泛,渗透程度也越来越明显,因此金融资本的不断发展导致收入差距的力度也就越来越大。

货币资本化和虚拟资本化则表明货币资本和虚拟资本的运动、积累和增殖在经济中占据越来越大的比例,并且随着经济发展和金融创新,金融资本的运动和增殖形式日趋复杂。由于国民收入与劳动力价值和剩余价值(即 $V+M$)是对应的,因此金融资本的运动和积累同时也就是对剩余价值和平均利润进行分割,由此也就构筑起金融发展与收入分配差距之间的逻辑关系。

第二节 列宁和希法亭对金融发展与剩余价值分割的分析

马克思研究的是19世纪中期西方资本主义国家主要是英国的经济运行,其背景是经济较为发达和市场经济体制较为完善的英国,其中产业资本在经济中占据主导地位,研究了资本家的产业资本游离到金融领域实现更大范围、更大程度以及更高层次上的运动、积累和增殖的情况。

正如马克思在《资本论》中的论述,资本不仅是一个物质载体,更重要的是承载了资本家与工人阶级之间的剥削与被剥削的关系,是关于人与人之间关系的研究。因此,随着经济社会的发展,金融资本经历了由简单到复杂、由低级到高级的演进过程,在这种演进过程中,金融资本承载了不同资本家阶级之间、资本家集团与工人阶级之间的利益分配关系,这种分配关系因金融资本形态的演进过程而产生了动态的特征。

随着社会由自由竞争过渡到垄断资本主义时期,金融发展出现了新的情况。在列宁与希法亭生活的年代,金融资本成为垄断资本,在经济中替代了产业资本占据主导地位。列宁通过《帝国主义是资本主义的最高阶段》一文中基于生产领域研究了工业资本和银行资本在垄断基础上进行融合形成的垄断金融资本,认为"帝国主义,或者说金融资本的统治,是资本主义的最高阶段,这时候,这种分离达到了极大的程度。金融资本对其他一切形式资本的优势,意味着食利者和金融寡头占统治地位,意味着少数拥有金融'实力'的国家处于和其余一切国家不同的特殊地位"。[①]在这里,这种"分离"指的是"货币资本同工业资本或者说生产资本相分离,全靠货币资本的收入为主的食利者同企业家及一切直接参与运用资本的人相分离"。[②] 另外,金融领域通过借贷和人事制度等经济参与制实行金融资本的垄断性控制,借助垄断高价和垄断低价获取高额的垄断利润,这不同于马克思所描述的资本主义自由竞争时期资本家通过剥削工人阶级的剩余价值获得利润,从而直接改变了垄断资本家与非垄断资本家、非资本家之间的收入分配。

---

① [苏]《列宁全集》(第27卷),人民出版社1990年版,中央编译局编译,第374页。
② 同上。

当前，银行资本的结构和地位发生了重大变化，在不同的情况下具有不同的地位。如中信实业与中信银行相互交叉持股的案例，一方面说明了列宁的金融资本理论具有现实解释力，另一方面也说明了银行资本在经济中越来越占主导地位。

列宁指出，"生产的集中；由集中而成长起来的垄断，银行和工业的综合或混合生长——这就是金融资本产生的历史和这一概念的内容"①。列宁在《帝国主义论》中论述了银行的新功能，随着银行的集中，它由简单的中介人变成了万能的垄断者，通过自己的金融业务，支配了整个工商业的业务，乃至于决定着它们的命运，几乎所有的资本家和小业主的全部货币资本都处于银行的支配之下，工业垄断组织和银行垄断组织通过互相占有股票，互兼董事或者监事而日益融合在一起，形成了金融资本和金融寡头，并且成为帝国主义的基本经济特征之一。

此外，作为奥地利马克思主义的代表人物之一同时也是第二国际修正主义者的希法亭·鲁道夫从流通领域研究了金融资本的形成过程，在他的著作《金融资本论》中提道："产业资本的一个不断增长的部分不属于使用它的产业资本家了，他们只有通过代表同他们相对独立的所有者的银行，才能获得对资本的支配。另外，银行业不得不把它们资本的一个不断增长的部分固定在产业中。因此，银行在越来越大的程度上变为产业资本家。"② 另外，随着股份公司的发展，金融资本的发展通过产业资本的垄断化达到了极点。因为银行通过银行资本支配了产业资本及其利润，而购买银行股票的投资者通过虚拟资本控制了银行资本的财产权，继而对产业资本的利润进行了控制。所以，希法亭认为金融发展到这样的一个阶段，即支配权在银行资本家而使用权在产业资本家的资本。

对于列宁和希法亭所处的时代来说，金融资本已经成为垄断资本，形成垄断金融的发展格局，使得金融资本在更广的范围内影响经济运行和收入分配，这已经超过了马克思时代金融资本家通过金融资本分割剩余价值的情况。

需要指出的是，希法亭在论述金融资本这一问题的时候，是从交换论

---

① [苏]《帝国主义是资本主义的最高阶段》，《列宁全集》（第22卷），人民出版社1963年版，第218页。
② [奥]鲁道夫·希法亭，《金融资本》，晏智杰译，华夏出版社2010年版，第249页。

出发而不是基于生产论,因此他把货币的流通手段功能放在首要地位,从而也就否定了货币具有内在价值。他论述金融资本的理论目标是论证资本主义可以和平成长为社会主义,反对无产阶级革命和专政,由于流通占据首位,忽视了生产集中和垄断与金融资本形成之间的本质联系,用银行资本来代替金融资本。

第三节　金融发展与收入分配差距
——西方金融发展理论的分析

西方金融发展理论中对金融发展和收入差距的关系进行了研究,不同的学者根据不同的理论进行了阐述,对于丰富金融发展与收入差距的理论分析具有重要意义,下面对其一一进行阐述。

一　格利基于金融发展理论的分析

约翰·G.格利在《经济发展的金融方面》《金融理论中的货币》中阐述自己的金融发展理论,下面对其进行总结,以揭示他对收入分配和收入差距的分析。

格利认为金融理论是"一种包含货币金融理论的金融理论和一种包含银行理论的金融机构理论",因此金融发展主要是着重于金融资产的多样化以及金融机构的成立。在《金融理论中的货币》一书中通过构建一个理论模型将经济部门划分为盈余部门、平衡部门和亏绌部门,以专业分工为基础,研究了储蓄—投资转化机制,盈余部门通过初级证券和间接证券与亏绌部门相联系。因此,盈余部门的资金通过这两种证券进入了亏拙部门,从而实现全社会的资金融通,完成了金融职能。这种职能能否发挥完善,取决于社会中的金融制度,而这又取决于金融技术的发展。在该书中,将金融技术分为分配技术和中介技术,而这技术能将"小额借款人发行的异质证券转化为同质的标准的证券"。① 由此可以看出,格利通过本源证券和间接证券将盈余部门的资金持有者和亏绌部门的证券持有者进行联系,通过货币—证券机制研究了资金持有者的收入来自证券持有者的

---

① 杨宏斌、唐高原:《金融中介理论及其对我国商业银行发展的启示》,《重庆工商大学学报(西部论坛)》2004年第12期。

利息支付和本金偿还。因此，两者之间通过本源证券进行直接联系，这也就是后来金融市场的雏形，同时金融机构通过信用创造和发行间接证券，这业务也发展成为后来金融中介机构的专业职能，而证券持有者通过购买本源证券和间接证券进行自身货币资金的增值保值，也就是获得了财产性收入。通过这两种载体不仅实现了资金的融通，也对资金盈余者和资金赤字者之间的收入分配造成了一定的影响。

格利认为，"初始经济对实际产出增长设置了严重的金融限制，不成熟的金融制度本身就是对经济进步的羁绊"，[①] "初始经济的增长能力受其金融制度的限制，在只有货币没有其他金融资产的情况下，储蓄、资本积累和从储蓄到投资的有效转化都受到抑制，这种抑制又滞缓了产出与收入的增长速度"，[②] 这就是说金融资产的单一性不仅导致储蓄投资转化机制的低效率，同时导致了居民在金融资产上投资的单一性，从而影响了收入差距。

二 麦金农基于金融抑制理论的分析

麦金农在《经济发展中的货币与资本》一书根据发展中国家的金融运行现实提出了金融抑制的基本理论。

麦金农的金融抑制论是指政府对金融体系和金融活动的过多干预抑制了金融体系的正常发展，金融体系的非正常发展又对经济增长和收入分配形成负反馈机制，从而导致金融抑制与经济落后、收入下降，步入恶性循环的陷阱。

传统货币理论认为货币属于财富的一种形式，在私人的资产组合中与实物资本相竞争。在收入一定的情况下，货币与实物资本之间存在竞争的关系，两者是替代品。若货币占比高，则实物资本的比例就下降，反之亦反。麦金农基于货币与实物资本的互补性假说提出了"管道效应论"，这一互补性学说是建立在以下两个假设前提下：

（1）所有的经济单位都是通过内源性融资（或自我融资）获取计划投资所需的资金份额，经济单位之间不存在借贷关系；

[①] ［美］约翰·G. 格利、爱德华·S. 肖：《金融理论中的货币》，贝多广译，上海三联书店、上海人民出版社1994年版，第41页。

[②] ［美］约翰·G. 格利、爱德华·S. 肖：《金融理论中的货币》，贝多广译，上海三联书店、上海人民出版社1994年版，第12页。

(2) 经济单位（如家庭和厂商）的规模很小，投资具有不可分性。

在第一个前提下，投资规模较大且投资和储蓄主体同为一个人意味着内源融资需要积累很长时间才能达到所需的资金额度，也就是说投资具备门槛效应。因此，在一个给定的收入水平下，资本积累率（或私人储蓄率）上升，则实际货币余额也上升，因此货币与实物资本之间是互补关系。用函数表示货币和实物资本的互补性如下：

$$(M/P)^D = L(Y, I/Y, d - p^*)$$

该函数为货币需求函数，其中 $d - p^*$ 表示货币的收益率，它越大，则人们对货币需求越大，但这种需求因市场结构不同而呈现分割状态，倒逼人们越愿意持有货币，则储蓄和投资越旺盛。但若人们长期持有货币放弃投资的话，货币同实质资本的关系又由"互补"演变为"竞争"。

另外，对于微观经济主体来说：

$$I/Y = F(\bar{r}, d - p^*)$$

该函数为投资函数，其中 $\bar{r}$ 代表物质资本的平均收益率，并且有 $\partial F/\partial(d - p^*)$ 与 $\partial F/\partial \bar{r}$ 同时大于 0，居民根据自身的资产存量或者财富状况进行投资。在 $d - p^*$ 超过一定值之后，人们才愿意持有货币。

根据麦金农的内源性融资与投资之间关系可以看出，正是由于市场上结构割裂，收入分配也呈现割裂的状态，不同的群体（如城市和乡村，富人与穷人）基于不同的财富存量、不同的投资机会在市场上面对不同的价格、不同的收益率，从而使得宏观收入分配格局有利于城市和富人。因此，这种割裂状态带来的后果是收入差距扩大，加剧了经济上的分化。

三 戈德史密斯基于金融结构理论的分析

戈德史密斯的金融发展理论在于金融结构的短期变化和长期变化。关于金融结构变化的信息是研究金融发展的基础，"这些信息既可以是各个连续时期内的金融交易流量，又可以是不同时点上对金融结构的比较"。[①] 因此，金融结构是戈德史密斯研究金融发展的重要着力点，他认为金融结构是指各种金融工具和金融机构的形式、性质、相对规模、经营特征和经

---

① ［美］雷蒙德·W. 戈德史密斯：《金融结构和金融发展》，周朔译，上海三联书店 1990 年版，第 32 页。

营方式，以及金融中介机构中各种分支机构的集中程度，是由金融工具和金融机构共同决定的，同时探讨了决定一个国家金融结构、金融工具存量和金融交易流量的主要经济因素，揭示了这些经济因素对金融发展的作用机制。其中这些主要因素包括不同经济单位和不同经济集团之间储蓄与投资功能的分离程度。

戈德史密斯创造性地提出了衡量一个国家金融结构的 8 个指标，其中金融相关比率（FIR）是最重要的一种。金融相关比率衡量了在某一时点上现存全部金融资产价值与国民财富（全部实物资产）的比值，并且 FIR 与货币化比率、非金融相关比率、资本形成比率、外部融资比率、金融机构、新发行比率、金融资产价格波动和乘数成正相关关系，而与实际收入增长率、物价上涨率以及平均资本—产出比率呈现负相关关系。

戈德史密斯认为在一国的经济发展过程中，金融部门的增长速度要大大快于国民产值与国民财富这些物质部门的增长速度，即金融发展与经济增长之间存在大致平行的关系。这就导致了金融相关比率（FIR）不断上升，但 FIR 是有边界的，如西欧和北美达到 1—1.5 时就趋于稳定。另外随着经济发展，银行资产在金融机构全部金融资产中的比重是下降的，证明非银行金融机构的重要性是日益突出的。

戈德史密斯的金融结构论对于分析收入差距和收入分配的问题具有重要的意义，当前中国金融发展不仅存在地域上的结构差异，也存在金融机构与金融市场上的结构差异，不仅存在国有金融机构与非国有金融机构上的结构差异，同时还存在股票市场与债券市场发展不平衡的结构差异。因此，金融结构对于收入分配具有重要的影响。

四 肖基于金融深化理论的分析

爱德华·S. 肖是金融深化理论的创始人，在他的著作《经济发展中的金融深化》中对发展中国家金融抑制的状态、金融与经济发展之间关系进行了研究和分析，提出了通过金融深化、金融自由化等方式来化解发展中国家金融抑制和经济落后的恶性循环困境，与麦金农一起被称为"M—S"学派。

肖的主要理论在于货币的"债务中介观"，这种观点认为货币并非社会的财富，而是社会上的债务，货币存在的作用在于为私人和社会提供各种服务，以节约实物资本和活动的耗费，并配置社会资源。货币的主要功能在于：媒介商品交换，节省了物物交易中的成本；替代实物、股票和债券等，将实物解放出来用于实际生产投资，将股票和债券等作为私人的金融投资，以增加居民获得金融财产上的收入。因此，虽然货币并不能直接增加社会财富，但通过金融部门有助于将实物资本导入经济增长的需要中，增加用于投资的实物资本，同时增加金融投资机会和管道，使得居民的财富、储蓄等能够有所安置。肖在文中提出了货币业（作为一种行业）的收益和机会成本。收益是通过货币载体降低交易费用和释放实物资本和股票债券等促进增长，成本是货币业本身需要一定的劳动力和实物资源。总之，货币的存在对于社会来说有着重要的功能。肖的货币需求模型如下所示：

$$D_m = I(Y_p, r_c, r, d_n, r_m, t)$$

其中 r_m 表示货币的收益率，$r_m = u + d - p^*$，u 为货币的边际产出，这种边际产出有三方面：一是通过货币流通节约的交易成本；二是通过将实物资本从闲置状态中释放出来并导入经济增长的需要上拉动的经济产出；三是通过替代股票和债券，从而使股票和债券成为居民金融投资的载体和管道，进而促进居民福利增加和收益增加。① Y_p 为预期收入的贴现值，r_c 为持有货币的消费者对时间偏好的度量，r 为政府债券和实物资本、实物财富的收益率，d_n 为非货币的间接资产的收益率，t 为货币业中的技术改善。

发展中国家的金融抑制是由政府干预金融领域造成的，因此放松政府干预和推进金融自由化的战略，有助于增加私人和政府的储蓄及国际资本的流入，有助于使通过储蓄转化的融资代替财政、通货膨胀和国外援助的收入，同时也有益于储蓄者和投资者在多样化的金融市场上通过金融工具优化储蓄资源的配置，从而促进经济增长，促进劳动力就业和收入分配的平等。根据肖的金融深化理论和政策指导，可以归纳出金融深化对收入差距的效应。

---

① 肖的理论中并未直接提到货币产出的第三个方面，但从现代金融的观点以及金融运行的实践来看，尽管发展中国家金融抑制的现象严重，出现金融市场的分割，但总存在一部分居民（这些居民可能是权贵、富人等）将储蓄和财富转移到债券和股票中，获得的利息、股息和红利等，从而改变了局部的收入分配格局，进而产生了收入差距效应。所以，货币的第三个边际产出从整个社会角度来看是合理存在的。

第一，金融深化有助于提高收入。根据肖的观点，实际货币余额并非国民收入和社会财富，是社会资源流动的一种载体，因此实际货币余额的增加带来的货币—货物交易比例的上升，社会中交易和流通中的货币增加，这就是说提高社会的货币化对经济增长的影响是明显的。同时，货币行业作为第三产业服务业的一个亚种，对国民经济发展具有重要的作用，继而对收入增加的效应就随之显现了。

第二，金融深化的就业效应。这种效应是通过产业结构的调整进行的，由于货币实际收益率的上升，需要积累大量货币资金的资本密集型产业会被劳动密集型产业替代，这种替代在充分利用有限的货币资金的同时提供了大量的劳动就业，这种替代是有助于缩小收入差距的。

五 斯蒂格利茨等基于金融约束理论的分析

信息经济学与交易成本经济学的发展带来了金融发展理论的发展与创新，为金融发展理论提供一种新的分析范式和视角，同时也有助于揭示金融发展与收入差距之间的关系。

托马斯·赫尔曼、凯文·穆尔多克、约瑟夫·斯蒂格利茨等新凯恩斯主义经济学家从信息不完全出发，研究了发展中国家的金融问题；提出了"金融约束论"。发展中国家的市场发育不完全，存在信息不对称、道德风险、逆向选择以及委托代理问题等[①]，单纯依靠市场对金融资源进行配置是帕累托无效的，也会出现市场失灵。因此，政府应该提供有效的并且具有正式约束力的权威制度来保障金融市场的有效配置功能。

政府通过一系列的金融政策在民间的金融部门和生产部门创造机会设立租金。在这里，租金的含义是指超过竞争性市场所产生的收益。[②] 在金融部门，租金来自政府控制的存款利率与竞争性均衡利率水平的差额。因此，为了维持这种金融租金，政府还必须加强对金融市场准入的限制，甚至对直接竞争进行管制和干预，对存款利率的控制可能会导致对不同部门

---

① 斯蒂格利茨（1994）是从银行掌握的市场信息的角度分析，而赫尔曼（1994）是从银行的成本社会化导致的成本收益不对称角度进行分析的。
② [日]青木昌彦、金滢基、奥野-藤原正宽：《政府在东亚经济发展中的作用——比较制度分析》，张春霖译，中国经济出版社1998年版，第184页。

贷款的一系列控制。政府的干预政策还会影响租金在金融部门和生产部门之间的分配。同时，金融部门和生产部门的租金在减少与信息摩擦方面的市场失灵问题时能起到积极的作用。通过为金融部门和生产部门创设租金，激励金融部门中的经营者去从事一些在竞争性市场中提供不足却非常有用的金融活动和金融业务，这样可以规避信息不对称带来的道德风险和逆向选择。

金融约束导致收入分配差距的含义在于金融约束的目标是让私人部门获得相应的租金或者租金机会，同时也通过租金的分配，导致了生产部门和金融部门之间的收入差距发生变化。政府在实行金融约束政策的时候会给私人部门、生产部门和金融部门带来增量收入。在实际情况中，如果政府的政策在从制定到实施的全过程中不发生走样，则居民可以获得实实在在的好处，毕竟租金在这三个部门之间流动；倘若金融约束政策在实施中走样，或者政府没有保证宏观经济环境的稳定性，如财政收入稳定或者通胀温和，则会蜕化成金融抑制，政府通过退化的金融抑制政策或通胀将原本配置到居民等私人部门的租金掠夺回来，导致居民收入状况恶化。

第四节　本书的研究框架

根据上述对马克思金融发展与剩余价值分割理论以及西方金融发展理论中对有关金融发展与收入分配关系的分析进行梳理，可以为本书的研究框架提供一些理论基础。需要强调的是，随着中国经济增长和金融发展，现行的经济金融运行情况与马克思所处的时代和西方有了很大差异，这些差异主要体现在以下六个方面。

第一，马克思时代分析的是产业资本占据主导地位，而在列宁所处的时代垄断金融资本占据经济中的主导地位，银行资本与工业资本融合形成金融资本。在当前中国金融发展与收入分配的经济运行中，股份资本与产业资本也进行融合形成了金融资本。垄断财团在金融领域内的力量越来越密切，与工业资本和商业资本的结合越来越大，使得微观经济主体的收入在很大程度上来自金融领域，从而也极大地影响了收入分配格局。

第二，在当前中国的金融资本越来越多地渗透到三次产业中，并且在三次产业中占据主导地位,尤其是金融资本对第三产业(服务业)的渗透,导致了不同于金融资本与产业资本结合的特征,自然也就使得第三产业的收入分配出现了新的特点。

第三,金融业自身的发展。这表现在金融领域内金融产品被自由地生产出来以及金融产品种类和数量的增加与金融功能的不断完善上。金融产品的自由买卖带来的增殖收益是未来的收入,在很大程度上改变了居民收入分配的格局。同时,金融创新导致了金融产品的价值结构变得日趋复杂,出现了虚拟资本的二次方和三次方问题。

第四,居民被广泛地纳入金融发展的进程中,储蓄存款在当前中国的金融资产中占据很大的比重,剩余货币资本的主体主要是家庭居民,其表现形式为储蓄存款为主的货币资金和流动性。在马克思所处的时代,非资本家阶层的储蓄存款规模较小,对金融资本运动和剩余价值分割的影响也较小。所以,这是中国金融发展中的一个重要特点,储蓄存款能带来利率收益,因此也就改变了居民收入分配格局。

第五,金融的全球化问题。在马克思的年代,金融的全球化问题没有出现,因此马克思也没有对这个问题进行分析和探讨。但随着经济全球化和一体化进程的加速,金融资本也越过一国在全球范围内运动和积累,对中国居民的收入分配格局产生了重要影响,这不仅表现了外国金融资本(包括对中国的投资、流动性的资本)在国内的运动,也包括中国的金融资本在全球范围运动和增殖。

第六,中国的金融结构较为复杂。从城乡二元结构来看,城市金融深化与农村金融抑制的局面依然存在;从区域来看,东部地区的金融发展较快,而中西部的金融发展较慢;从所有制结构上看,国有企业通过银行中介机构和资本市场的筹资能力较强,其中有政府行政性干预和主导的因素,而民营企业、中小企业融资难的状况依然存在;这些都是中国金融发展呈现的特殊情况。

结合马克思关于金融发展理论和收入分配的阐述,以及西方学者基于西方金融发展理论对收入分配差距的分析,结合中国金融运行出现的新情况,因此,可以概括出本书研究的技术路线如图2-1所示。

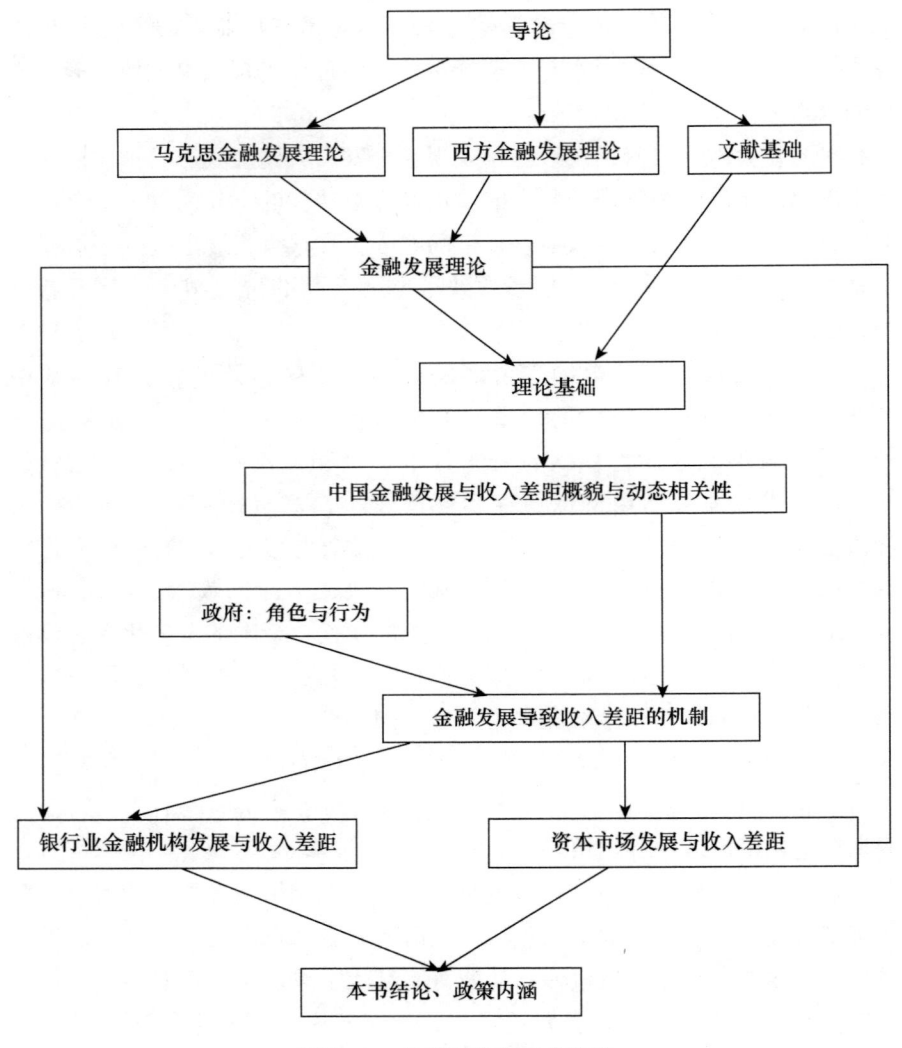

```
                    ┌──────┐
                    │ 导论 │
                    └──────┘
         ┌─────────────┼─────────────┐
         ▼             ▼             ▼
 ┌──────────────┐ ┌──────────────┐ ┌──────────┐
 │马克思金融发展理论│ │西方金融发展理论│ │ 文献基础 │
 └──────────────┘ └──────────────┘ └──────────┘
         └─────────────┼─────────────┘
                       ▼
                ┌────────────┐
                │ 金融发展理论 │
                └────────────┘
                       ▼
                 ┌──────────┐
                 │ 理论基础 │
                 └──────────┘
                       ▼
         ┌──────────────────────────────┐
         │中国金融发展与收入差距概貌与动态相关性│
         └──────────────────────────────┘
                       ▼
   ┌──────────────┐
   │政府：角色与行为│
   └──────────────┘
              ▼
       ┌──────────────────────┐
       │金融发展导致收入差距的机制│
       └──────────────────────┘
         ▼                      ▼
 ┌──────────────────────┐ ┌──────────────────────┐
 │银行业金融机构发展与收入差距│ │资本市场发展与收入差距│
 └──────────────────────┘ └──────────────────────┘
                   ▼
          ┌──────────────────┐
          │本书结论、政策内涵│
          └──────────────────┘
```

图 2-1　本书研究的技术路线

资料来源：笔者自行整理。

第五节　本章小结

本章对马克思主义金融发展和剩余价值分割理论以及西方金融发展理论中有关金融发展与收入分配的分析进行了系统性的梳理。马克思的金融发展理论是建立在金融资本的基础上的,所以也就天然地与剩余价值分割、收入分配紧密结合在一起,剩余价值的分割与西方经济学中国民收入的分配具有相同的质的规定性。考虑到中国的特殊国情以及金融发展出现的新情况,既不能照搬马克思的金融发展理论,也不能全盘引用西方的金融发展理论,需要对已有的理论进行拓展,提炼出适合中国金融发展与收入差距关系的研究框架,并通过这两种不同理论体系的借鉴、扬弃和发展,以便为后文的分析打下坚实的基础。

第三章

中国金融发展与收入分配差距的特征事实

第一节 中国金融发展的总体特征

一 中国的货币化特征

经济货币化的内涵是指在经济增长与发展过程中,以货币为载体的生产、交换、分配和消费逐渐代替计划经济时期(或者封建小农经济、庄园经济、奴隶经济)下的实物分配和交换,从而使得经济运行中的交换和分配的效率得以提高以及交易成本得以降低的一种状态。从资源配置的角度来说,货币化是指以货币为载体的资源配置方式逐渐占据经济运行中的主导地位,而原先的以实物为主的资源配置方式逐渐处于次要和从属地位。根据马克思的金融理论可知,经济货币化是指执行价值标准、流通手段和支付手段的货币在与商品的交换中占据绝对的地位。

一般来说,经济中的货币化可以分为三种:一是财政赤字的货币化,这是指国家基于主权信用采取的印钞票的方式弥补赤字;二是经济发展过程中的货币化;三是指体制转轨过程中为了降低转轨成本而产生的货币化。对处于经济体制转轨和经济发展中的中国来说,后两种货币化是相互叠加的。

改革开放以前,中国实行的是计划经济体制。计划经济的主要特点之一是实物经济,居民所需的衣食住行等来自上一级单位(如生产队公社和企业社区)的发放,货币在经济中执行流通职能和支付职能的比例较小,货币只是作为会计核算的工具和单位,在社会经济中起的作用并不大。改革开放以后,随着社会主义市场经济体制的逐步建立,市场经济中对货币的需求越来越大,中国的货币化进程日益加快。其中既有货币执行一般职能便利商品交换,也有货币作为一种生产要素融入生产过程中,还有货币作为一种金融资本的载体发挥了"钱生钱"的功能。货币化进程的加快,一方面有助于经济增长,另一方面也有助于促进经济体制的转轨和减少转轨的成本。

中国经济发展中的货币供给迅速增加。其中,中国经济中流通的现金 M_0 从1993年的5864.70亿元跃升到2019年的77189.47亿元,M_1(又称狭义货币)从1993年的16280.40亿元增加到2019年576009.15亿元,M_2(又称广义货币)从1993年的34879.80亿元在2019年达到1986488.82亿元。在衡量货币化时,比较普遍的一种做法是利用 M_2/GDP 来衡量。一般来说,该比例越高说明该经济体的货币化程度越高,反之亦反。从表3-1可以看出,中国的货币化指数从1993年的0.98曲折上升到2018年的1.99。

表3-1　　　　　　　　　中国的货币化特征

年份	M_0（亿元）	M_1（亿元）	M_2（亿元）	GDP（现价,亿元）	M_2/GDP
1993	5864.70	16280.40	34879.80	35673.20	0.98
1994	7288.60	20540.70	46923.50	48637.50	0.96
1995	7885.30	23987.10	60750.50	61339.90	0.99
1996	8802.00	29893.00	77265.00	71813.60	1.08
1997	10177.61	34826.00	90631.83	79715.00	1.14
1998	11204.20	38953.70	104498.50	85195.50	1.23
1999	13456.00	45837.00	119898.00	90564.40	1.32
2000	14652.65	53147.15	138356.47	100280.10	1.38
2001	15688.80	59871.59	158301.92	110863.10	1.43
2002	17278.03	70881.79	185006.97	121717.40	1.52
2003	19745.99	84118.57	221222.82	137422.00	1.61
2004	21468.30	95970.82	253207.70	161840.20	1.56
2005	24031.67	107278.76	298755.48	187318.90	1.59
2006	27072.62	126028.05	345577.91	219438.50	1.57
2007	30334.32	152519.17	403401.30	270092.30	1.49

续表

年份	M_0 （亿元）	M_1 （亿元）	M_2 （亿元）	GDP （现价）	M_2/GDP
2008	34218.96	166217.13	475166.60	319244.60	1.49
2009	38246.97	221445.81	610224.52	348517.70	1.75
2010	44628.17	266621.54	725851.79	412119.30	1.76
2011	50748.46	289847.70	851590.90	487940.20	1.75
2012	54659.77	308664.23	974148.80	538580.00	1.81
2013	58574.44	337291.05	1106524.98	592963.20	1.87
2014	60259.53	348056.41	1228374.81	643563.10	1.91
2015	63216.58	400953.44	1392278.11	688858.20	2.02
2016	68303.87	486557.24	1550066.67	746395.10	2.08
2017	70645.60	543790.15	1690235.32	832035.90	2.03
2018	73208.40	551685.91	1826744.22	919281.10	1.99
2019	77189.47	576009.15	1986488.82	990865.10	2.00

资料来源：Wind 数据库。

中国的高货币化程度并没有引发严重的通货膨胀，物价持续低位徘徊，同时国内生产总值的增长率保持在较高的水平，被研究发展中国家金融抑制的著名经济学家麦金农称为"中国货币之谜"。张杰认为中国之谜是"中国在财政收入下降的同时保持价格水平稳定和高金融增长"。[①] 对此许多经济学家对这一现象提出过很多假说和解释。中国高货币化的成因在于 20 世纪 80 年代经济体制的推进，如农村家庭联产承包责任制、乡镇企业以及私有企业的快速扩张，伴随这些兴起的还有有形资产的交易、未来收入流均需要货币来完成，而这些属于体制外的非公有经济成分在增量范围内的形成和发展产生了很高的有效货币需求，同时对原先只执行价值单位和计价功能的货币的其他职能也提出了要求，在这种情况下，货币需求的增加是不可避免的。此外，社会主义市场经济体制的渐进式改革的重点是要求培育产品市场和要素市场，并在 80 年代中期引入的"双轨制"是产品市场的渐进式培育，而要素市场的培育则需要更长时间，比如市场上的供需主体、价格机制和竞争机制等。要素市场的培育，需要大量货币

---

① 张杰：《中国金融制度的结构与变迁》，中国人民大学出版社 2011 年版，第 35 页。

进入市场作为要素交换和流通媒介。生产资料、人力资本、产权、金融、劳动力、房地产、技术以及矿产资源等进入市场的过程，也就是资产和资源流转的货币化进程，这些原先没进入商品流通的要素现在已经进入商品流通中，吸纳了超额的货币供给。其次，货币化过程给国家带来很高的铸币收入。[①] 再次，中国金融市场的发展滞后与不完善，银行不良资产的比例过高等均导致了货币化程度较快提高，使得这些在市场中流通的货币并没有产生如发达国家那样的通货膨胀。最后，中国转轨阶段的高货币化特征又具有其他发达国家所不同的特征。根据世界银行1990年的发展报告可知，中国在改革开放之初的货币化程度（用M_2/GDP表示）为0.25，而当时的苏联却达到了1，对比起来中国尚处于货币化程度低的状态，因此为后续货币化进程提供了上升空间。从这个角度上来说，中国改革时期较低的货币化程度有助于经济的货币化进程与体制变迁过程叠加，避免陷入传统的以增发货币供给的方式来支付改革付出的成本因而陷入"通货膨胀陷阱"的困境，同时也使中国获得因高货币化所带来的金融剩余。

中国的高货币化对经济产生了许多效应。根据马克思的论述可以知道，货币的运动是货币资本、借贷资本、银行资本以及虚拟资本等金融资本运动的前提和基础。从现代经济学和金融学的角度来看，货币是金融工具、金融活动、金融业务、金融创新的基石。货币化程度高，有助于金融的发展和创新。其次，在没有其他金融工具较快发展的前提下，中国的货币和储蓄存款成为居民剩余收入（即除去消费等必须的支出剩下的可支配收入）的主要投资载体，这种投资载体在以国有商业银行为主体的金融中介中获得了可靠的收益，尽管这种投资的收益不高。

综上所述，中国的高货币化不仅没有导致通货膨胀，而且还减少了体制转轨的成本，促进了经济增长，为居民收入的增加和储蓄创造了一个有利的金融环境。

二 中国的货币资本化特征

货币资本化是指货币具有资本的特点，即实现货币和资本的等同，在

---

① 发行钞票一则可以增加国家的铸币收入，二则通过加剧一国的通货膨胀程度，相当于对全体居民增收了通货膨胀税。如果高货币化程度没有导致通货膨胀的话，则主要用于增加国家的铸币税。

流动中实现一定程度的增殖。伴随着中国经济高速增长的奇迹，居民的储蓄资金呈现递增趋势，在中国以银行类金融中介机构为主导型融资体系的金融架构中，将储蓄资金存入具有特许经营权、政府信用和良好信誉的银行成为居民在既定约束下的一种理性投资，同时根据储蓄资金的规模获得与此对应的增殖程度，即以存款利率为表现形式的收益，同时也保证了存款资金的随时提现。在这过程中，以储蓄资金为表现形式的货币流动性同时完成了向借贷货币资本的转化，并进行借贷货币资本所有权和使用权的分离，有助于货币资金能够以存款贷款的形式存在并进行存款向贷款的转化，并在这一转化中获得货币资金的收益。但是，以储蓄存款为表现形式的货币资本并没有结束它的行程，以国有商业银行为主要骨干的银行体系扮演了马克思时代的"银行资本家"角色，通过一套甄别机制并将结合资金短缺方的融资需求，选择合适条件的贷款者，为借贷货币资本的进一步运动、积累和增殖提供了平台。银行通过专业化、规模化的期限转换和风险转换将储蓄存款变成了贷款，完成了借贷货币资本的第二次转化。因此，居民剩余可支配收入通过储蓄存款等形式存放于银行，按照一定的存款利率（如1年期、3年期等）获得货币增殖收益，完成了货币资本的第一次增殖。随后，这项存款经过银行专业化、规模化的转换变成贷款，通过存款与贷款利率之间的差额获取经营货币存款的增殖收益，完成了货币资本的第二次增殖。

从表3-2可以看出，在当前金融发展的过程中，中国的货币资本化进程较快，货币资本化指数从1994年的1.67曲折增加到2016年的2.03并下降至2018年的1.54，这与金融中介机构主要从事存贷款业务以及中间业务和表外业务尚处于发展之中有关。金融中介机构通过存贷差实现了货币资本的增殖，其货币资本的主要来源是居民家庭持有的货币资金以及企业内部剩余资金。

整体来看，在中国，借贷货币资本的运动、积累和增殖包含三个环节。首先，以货币资本最初形式体现的储蓄资金在存入银行的过程中获得收益，完成货币资本的第一次增殖。其次，在银行与资金短缺方的交易中，通过存款与贷款之间的差额完成获取经营货币存款的增殖收入，此为货币资本的第二次增殖，银行通过特许经营权获得了存贷差。最后，资金短缺方将所贷资金进行产业资本和金融资本投资，获得高于贷款利率的增殖程度，完成借贷货币资本的第三次增殖。

表 3-2　　　　　　　　中国货币资本化特征

年份	金融机构存款余额（亿元）	金融机构贷款余额（亿元）	GDP（亿元）	货币资本化指数
2000	100280.10	5870.00	103697.00	1.09
2001	110863.10	10488.00	115414.00	1.14
2002	121717.40	10781.00	136055.00	1.21
2003	137422.00	12546.00	164081.00	1.29
2004	161840.20	12299.00	196161.00	1.29
2005	187318.90	17326.00	217006.00	1.25
2006	219438.50	5214.00	251318.00	1.17
2007	270092.30	14149.00	297976.00	1.16
2008	319244.60	8808.00	350960.00	1.13
2009	348517.70	15111.00	466113.00	1.38
2010	412119.30	12905.00	555501.00	1.38
2011	487940.20	42330.00	637150.00	1.39
2012	538580.00	58182.00	754735.00	1.51
2013	592963.20	69506.00	880901.00	1.60
2014	641280.60	107385.00	1017867.00	1.75
2015	685992.90	151011.00	1177964.00	1.94
2016	740060.80	152016.00	1353153.00	2.03
2017	820754.30	114145.88	1184908.23	1.58
2018	900309.50	122214.85	1259858.48	1.54

资料来源：中国经济社会发展统计数据库。其中，中国货币资本化指数的计算尚属首次尝试，利用金融机构存贷款之和与当年 GDP 的比值来衡量。

从表 3-2 中还可以看出，中国的货币资本化指数在 1.0—2.0 起伏，其中在 2016 年达到最大值 2.03。中国货币资本化指数越高说明金融中介机构等间接金融的发展程度越深，从而使以银行为主导的金融体系格局难以在短时间内得到改变，发挥吸纳微观经济主体（如居民和企业）的大部分闲置资金的金融功能，也就是说资本市场等直接金融的发展还需要较长的路要走。

中国金融发展中的货币资本化进程，不同于资本主义自由竞争时期借贷资本家与银行资本家共同参与剥削工人和分配剩余价值的情境，它在中国当前经济金融运行中具有特殊的规定性,这种规定性表明了具有剩余可支配收入的居民家庭通过银行中介机构的存贷款机制获得一定增殖收益(即货币资本的幼仔),而货币资金较为缺乏的微观经济单位通过支付较高的贷款利率获得货币资金,从而形成了居民家庭、金融机构与非金融企业之间的收入分配机制。

三 中国的虚拟资本化特征

根据马克思对金融资本的分析可知,金融资本是指生息资本和虚拟资本的总和,虚拟资本化程度的提高意味着虚拟资本在生产、交换、消费和分配中的比重也就越高,在经济资源、收入、财富配置中的作用也就越大。虚拟资本由于其价值结构比较复杂,其所代表的价值形式也较为复杂。它自身的运动与它所代表的价值形式的运动相对独立,使得虚拟资本的配置能力在这种复杂的运动中得到了拓展。它不仅可以配置实体经济中的产业资本(货币资本、生产资本和商品资本),也能配置从实体经济中游离出来的货币资本、生息资本和借贷资本。具体来说,股票、债券以及国债等有价证券均为虚拟资本,其持有者会获得一个有规则的收入流,是对剩余价值或者收益的要求权和索取权。虚拟资本的增殖性可与现实资本和实体经济相对独立,从而获取不同的收益,但同时也存在较大的风险。

表3-3 中国虚拟资本化特征

年份	债券余额 (亿元)	股票市价 (亿元)	保费收入 (亿元)	虚拟资本化
1992	1282.72	1048.149	386	0.101
1993	1540.74	3541.521	406	0.155
1994	2286.40	3690.617	376	0.132
1995	3300.30	3474.276	453	0.119
1996	4361.43	9842.575	538	0.207
1997	5508.93	17529.234	773	0.302
1998	7765.70	19505.656	1256	0.338
1999	10542.00	26471.176	1406	0.428
2000	13020.00	48090.945	1598	0.632

续表

年份	债券余额（亿元）	股票市价（亿元）	保费收入（亿元）	虚拟资本化
2001	15618.00	43522.210	2109	0.559
2002	19336.10	38329.130	3054	0.505
2003	22603.60	42457.734	3880	0.508
2004	25777.60	37055.571	4318	0.420
2005	28774.00	32430.282	4932	0.358
2006	31448.70	89403.900	5640	0.585
2007	48741.00	90348.454	7036	0.596
2008	49767.83	121366.141	9784.20	0.576
2009	57949.98	243939.118	11137.30	0.918
2010	67684.90	265422.590	14527.97	0.866
2011	72044.51	214758.100	14339.25	0.637
2012	77565.70	230357.620	15488.00	0.623
2013	69476.58	207914.400	13304.78	0.813
2014	73338.44	219964.700	14066.52	0.845
2015	77200.29	232015.000	14828.27	0.878
2016	81062.14	244065.300	15590.01	0.910
2017	84924.00	256115.600	16351.75	0.943
2018	88785.85	268165.900	17113.50	0.975

资料来源：其中国债数据来自《中国金融年鉴》《中国金融统计年鉴》。

随着股票市场、债券市场以及其他类型的虚拟资本市场的发展，中国虚拟资本化的进程也在加快。从表3-3中可以看出，中国的虚拟资本化指数在曲折中上升到最高值2018年的0.975，这一方面说明金融处在快速发展的轨道上，除了银行储蓄存款之外，其他的金融资产逐渐进入居民手中，让居民的货币收入在支付必要的消费和保障一定的流动性后，将剩余的收入进行投资；另一方面扩大了那些贷款者和对外融资企业的可贷资金供给，也增加了居民自身的收入。由于这些储蓄形式主要体现在非货币的金融资产上，居民对这些货币资金的所有权没有随着储蓄形式而转移，除了定期获得红利、利息等收益外，在需要的时候还能将这些金融资产转化为现实的购买力和流动性。此外，使得居民在金融资产上投资和投机的管道变多变宽，投资者在高收益的激励下容易将货币性资金通过这些管道进行过度投资，推高金融资产的价格，导致金融资产的价格偏离其应有的价值而出现泡沫，产生过度和虚幻的财富效应。在不利的宏观经济冲击下，这些金融资产价格会一路狂跌跳水，进而产生收入再分配效应。2008年的全球金融危机就是明证，它导致了全球范围的收入分配格局发生了重大的变化。根据马克思对金融发展的阐述，虚拟资本化表现为非货币资本的金融资本的运动和积累，它不再通过生产和流通媒介实现资本的逐利性，而是通过最具欺骗性和偶像性的形式完成自身的运动和积累，即"钱生钱"的逻辑。以金融资产为表现形式的虚拟资本在不同的人手中积累，改变了持有者与非持有者之间的收入分配格局。

从表3-3中可以看出，在中国虚拟资本化进程中，股票（包括A股和B股）市价远远高于国债余额和保费收入之和，从中可以看出股票市场的发展快于国债市场和保险市场。而债券市场中主要是以国债为主，金融债券次之，发展最慢的是企业债券。需要提及的是，在中国发行企业债券的一般是国有企业和大型企业，因此中国的虚拟资本化进程中内部出现了发展不平等、不协调的特征。

四 本节的小结

根据马克思的论述，金融发展是金融资本的运动和积累占主导的经济过程，金融资本推动了更多的生产资本，越来越强力地控制了现实资本和职能资本，导致了资本积累越来越突破自身的极限，以及占有越来越多的剩余劳动和剩余价值，资本家尤其是掌握金融资本的资本家聚集的资本和财富越来越多，金融资本家的收入与劳动者之间的收入差距呈现指数化上升的趋势。

金融发展程度高，是现代经济增长与发展的重要特征之一，中国的金融发展进程包括货币化进程、货币资本化和虚拟资本化进程。[①] 通过货币

---

① 这里将金融化分为货币化、货币资本化和虚拟资本化，与王广谦（1998）在《经济发展中的金融化趋势》的分类有所不同，他认为经济发展金融化是货币化的后续。作者在这里参照了中国的经济金融实践将金融发展进行重新界定。王广谦认为金融化的含义主要是指金融资产在经济活动的广泛使用，金融体系规模的发展，金融工具的种类和数量扩大，以及金融的创新，它不同于马克思主义政治经济学中的金融化含义，非金融部门的资本由于在实体经济和生产过程中的利润率下降，使得非金融部门的资本转移到金融部门，从而造成金融部门的极度膨胀，改变了非金融部门与金融部门之间的力量对比，同时也改变了作为产业资本与金融资本的所有者的力量对比和阶级对立，对整体经济的控制权力由原先的处于实体经济领域（主要是制造业）的跨国公司转向金融机构以及金融市场，整个经济由于金融化的快速发展导致了不同阶级之间的对抗，造成了资本主义社会最富有偶像性和虚幻的存在，生产资料的私人占有与生产社会化之间的矛盾，以及实体经济与金融经济之间的严重脱节，从而使得有效需求急剧压缩，生产相对过剩。具体可以详见刘元琪主编《资本主义经济金融化与国际金融危机》，经济科学出版社2009年版。

资本化与虚拟资本化化进程的对比可以看出，货币资本在金融资本中的所占比例大于虚拟资本的比例，说明了货币资本在中国金融发展进程中仍占有主导地位，这与当前银行主导型金融体系有关。新增长理论认为货币与金融均是促进经济增长与发展的重要因素。对金融发展的度量，戈德史密斯早就利用金融相关系数（FIR）进行过衡量，后来成为国际上衡量金融发展水平的重要指标。金融相关比率揭示了金融发展与经济增长之间的相互关系：经济发展较快，有助于引导金融发展，而金融发展较快则有利于经济增长。四十余年的"中国奇迹"，其中很大一部分原因在于金融的快速发展以及金融体制改革的渐进式推进。

金融发展程度的加深，说明金融规模大、金融工具较为齐全、金融资产庞大，使以这些金融资本为载体的金融功能的发挥对实体经济发展产生了很大的促进作用。金融的本质是资金的融通，是资源动员、聚集和分配的过程，是将社会资源导向合理项目和领域的一种过程。金融发展程度的加深势必使原先分散的社会资金通过一定的载体或者机构组织导入生产过程或者投资中，这不仅有助于资源的有效配置，更重要的是使资源的所有者通过这样的投融资过程获得了相应的收入，并使金融资产本身成为居民投资的重要管道和领域，金融资产的持有量成为衡量居民财富的一个重要方面。随着金融市场价格的上扬，金融资产的利率以及由此带来的资产利息、红利等收入相应地增加，导致居民的财产性收入增加。同时金融发展程度的加深，反过来有助于倒逼居民投资，这就是金融发展的投资效应，与爱德华·S. 肖在《经济发展中的金融深化》提出金融深化的投资效应是类似的。

第二节　中国金融发展的结构分析

在当前中国，银企关系是一个重要的话题，尤其是国有企业与国有银行之间的关系具有二重性。一方面，企业财务结构和融资结构中的脆弱性和风险会通过银企关系转嫁到银行中介机构和资本市场中，使得这种脆弱性会逐步转变为金融脆弱性；另一方面，以国有银行为主的银行不良贷款的形成大部分是由于企业通过投资形成实体领域的过剩产能而无法回收。因此，研究企业的融资结构对于分析当前金融结构是一个重要的切入点，戈德史密斯在金融结构论中也阐述了金融结构对于一个国家居民收入分配具有重要的影响。

现代经济学将融资结构分为内源融资和外源融资，其中内源融资是微观经济主体依靠自身剩余资金的方式获取必要的资金。对于企业来说，内源融资主要是指企业的留存收益，对于居民家庭来说，剩余资金主要是指居民可支配收入中除去消费后的部分。根据《资本论》可以表述为，内源融资是资本家利用自身闲置的商品资本、货币资本和生产资本从事简单再生产和扩大再生产的一种方式。外源融资又可以分为直接外源融资和间接外源融资，直接外源融资分为股权融资和债权融资，即在资本市场上通过发行股票和债券等有价证券筹资。同样也可以表述为，外源融资则是通过在资本市场上通过货币资本、借贷资本以及虚拟资本等金融资本获得生产所需要的资本积累。间接外源融资主要指融资主体（如企业）通过金融中介机构获得所需的资金。对于中国来说，计划经济时代的融资方式受政府控制，其融资过程是政府通过运用财政系统征收税务的形式实现，改革放开后的社会主义市场经济时期，融资方式由财政主导型向金融主导型转变。对于企业来说，融资方式与融资规模是企业培育自身核心竞争力的关键，也是一个国家的市场经济发育程度的微观体现，更重要的是企业作为一个拥有自主权的主体，其经营的好坏直接影响到个人或者居民的工资性收入。

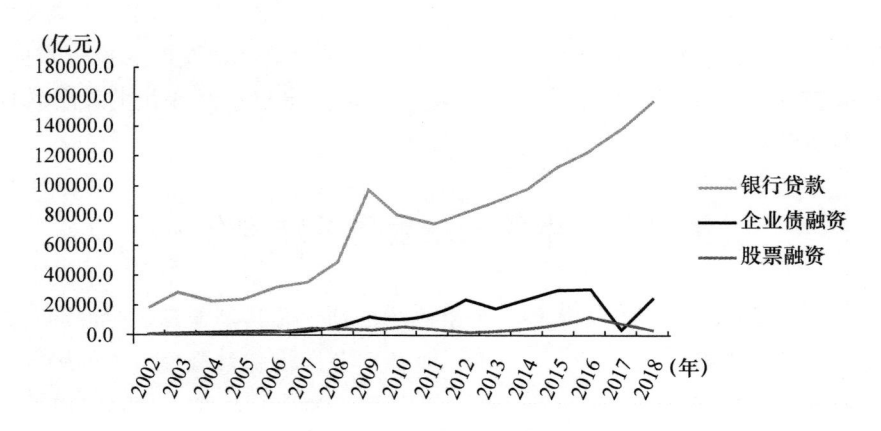

图 3-1　2002—2018 年中国的社会融资结构

资料来源：Wind 数据库。

从图 3-1 中可以看出，在中国企业的外源性融资结构中，从银行获得的贷款（间接外源融资额）远远高于通过资本市场发行股票和企业债券获得的融资额（即股权融资额和债权融资额），并且银行贷款额与这两者之间的绝对差距越来越大。从 2002 年开始，银行贷款额为 18475 亿元，企业债和股票融资额仅为 366 亿元和 628 亿元，到 2018 年，银行贷款额为 156712.4 亿元，增加了 7.5 倍，而企业债为 24756.3 亿元，增加了 66.6 倍；股票融资额为 3605.6 亿元，仅仅增加了 4.7 倍。这反映了当前存在的银行主导型金融体系格局仍然是主要原因，资本市场的发育不完善以及相配套的基础设施和制度不健全使外源直接融资机制尚未进入市场化快速发展的轨道，同时债券市场发展快于股票市场导致资本市场发展还出现了不平衡的问题，未能与银行金融中介机构形成有效分工充分互补的资金融通机制格局，从而造成了企业融资结构的单一性和脆弱性。

如前述，马克思在关于金融发展与剩余价值分割的理论中阐述了货币资本化和虚拟资本化。货币资本家经营货币资本，通过吸收闲置和暂时不使用的货币作为经营的基础，然后通过与产业资本家或者其他资本家相对立，将吸收的货币贷放出去，形成借贷资本。当这种货币资本的吸收和放贷业务由于社会分工逐渐形成规模化和专业化经营的时候，自然会内生出一套机构来充当货币资本需求者和货币资本供给者之间的中介，并辅以必要的配套机构、制度、法规和规则等。因此，货币资本的出现以及大规模发展衍生了专门从事货币资本经营的机构——银行金融中介机构。在我国，银行业中介机构包括大型商业银行、政策性银行及国家开发银行、股份制商业银行、城市商业银行、农村信用社、农村商业银行、农村合作银行以及其他非银行金融中介机构等，其主要业务是存款和贷款，并通过存贷差获得了货币资本的增值收入。从表 3-4 中可以看出，银行金融中介机构的各项存款从 2009 年的 597741.10 亿元增加到 2019 年的 1928785.33 亿元，增加了 3.23 倍，各项贷款从 2009 年的 399684.82 亿元增加到 2019 年的 1531123.20 亿元，增加了 3.83 倍，存贷款规模的迅速扩大，表明以银行中介机构为载体的货币资本化进程的快速推进，对中国经济运行和居民收入分配具有重要的影响。

表 3-4　　　　　　　中国银行业金融机构存贷款情况　　　　　　单位：亿元

年份	各项存款	储蓄存款	各项贷款	短期贷款	中长期贷款
2009	597741.10	260771.66	399684.82	55.14	4551.00
2010	718237.93	303302.49	479195.55	2785.42	2403.00
2011	809368.33	343635.89	547946.69	4175.97	1505.00
2012	917554.77	399551.04	629909.64	5569.00	818.00
2013	1043846.86	447601.57	718961.46	3834.14	1449.00
2014	1138644.64	485261.34	816770.01	1451.05	6964.00
2015	1357021.61	546077.85	939540.16	2819.04	6388.00
2016	1505863.83	597751.05	1066040.06	1478.65	11171.00
2017	1641044.22	643767.62	1201320.99	-766.57	5171.00
2018	1775225.73	716038.15	1362966.65	734.00	5055.00
2019	1928785.33	813017.12	1531123.20	1670.00	8802.00

资料来源：Wind 数据库。

除了银行中介机构的快速发展之外，中国的资本市场也在发展之中，形成了中国间接金融和直接金融并存发展的金融结构，并使得中国金融发展呈现出虚拟资本化的特征（如表 3-5），各种以金融资产为载体的虚拟资本逐渐兴起，如股票、债券等。根据马克思的阐述，通过虚拟资本进行融资的产业资本家和商业资本家处在融资的一端，另一端为购买虚拟资本（所有权的纸质证书）的货币资本家或者银行资本家。随着虚拟资本出现虚拟的二次方和三次方，以最初的虚拟资本为基础的金融衍生产品的市场建立起来，形成了资产证券化的金融市场。在这种情况下经济运行包括两个层次，一个是依赖于实体经济中产业资本和商业资本的运动，另一个是越来越脱离于实体经济的虚拟资本在更大程度上和更高层次上开展的逐利性运动，并以金融工具更快更大规模的流通为表征，这两个层次的运行对居民的收入分配产生更为广泛的影响。

虚拟资本以不同的场所作为载体，比如股票等虚拟资本主要集中深圳证券交易所和上海证券交易所，通过发行市场和流通市场进行资本的流动。另外，国债是政府借助金融市场发行的一种债券，是弥补财政赤字或者筹资的一种方式，正是这一财政行为，通过国债这一虚拟资本，使得政府也被内生地纳入金融发展的进程中。

表 3-5　　　　　　　　　中国股票市场发展情况

	2014 年	2015 年	2016 年	2017 年	2018 年
境内上市（A、B 股）公司数（家）	30685	33064	34953	39668	42565
股票总发行股本（亿股）	506683.58	565259.79	637441.86	705249.02	759204.94
股票市价总值（亿元）	3261363.18	5962421.24	5550345.25	6551884.23	6099863.60
流通市值（亿元）	2716556.32	4913577.32	4346227.59	5106314.92	4903720.44

数据来源：Wind 数据库。

从这个意义上来讲，金融发展逐步推进的同时，货币资本或者虚拟资本的形成、发展和运动要求金融中介机构和金融市场的形成和发展。此外，随着金融资本在不同行业、不同地区以及不同所有制主体中的运动和积累，也就相应地导致了金融业与非金融业、东中西部之间以及国有金融机构与非国有金融机构之间的差异，而这一点正是当前中国金融发展不平衡的现实。在开放条件下，正是由于在不同汇率制度下存在套汇、风险规避、寻找利润等一系列考量，金融资本通过一国运动到其他国家以便更好更多逐利的时候，也就使得金融资本发展到一定程度进而成为国际金融资本，这对中国经济运行和收入分配的影响将会变得更大。

根据金融资本表现形式和运动方式，将金融结构大致分为银行中介机构的间接金融和资本市场的直接金融结构。同时，货币资本和虚拟资本分别在银行中介机构和资本市场上运动和积累，使得中国的金融发展呈现出货币资本化的特征和虚拟资本化的特征。因此，从金融资本的结构出发很自然地推衍出中国金融发展的结构，这也是马克思金融资本理论适合中国金融实践的地方。

第三节　中国居民的收入差距

中国居民收入差距表现在城乡居民收入差距、东中西部居民收入差距、行业间的收入差距、国有企业员工与非国有企业员工之间的收入差距等方面,本章主要对城乡收入差距的现状进行分析。

一 中国城乡收入差距的总体概貌

中国自改革开放至今发生了翻天覆地的变化,经济总量规模(现价GDP计算)从1978年的3645.2亿元增加到2018年的1259858.48亿元,增加了约345倍,创造了"中国奇迹"。伴随经济增长的是中国家庭居民收入的提高,从1978年到2018年,城镇居民家庭人均年可支配收入从343.4元上升到39251元,增加了约113倍,而农村居民家庭人均年纯收入133.6元上升到14617元,增加了约108倍,同时不可忽视的问题是城乡收入差距过大和收入分配不公。意大利的经济学家洛伦茨(M. Lorenz)根据洛伦茨曲线提出了著名的基尼系数,其成为反映收入不平等最常用的指标。基尼系数分布在0—1,越靠近0则表示收入分配越公平,越靠近1则表示收入分配越不公平。按照国际上通用的标准,基尼系数在0.3—0.4属于正常态势;而基尼系数达到0.4以上则表示收入差距过大和收入分配不公,属于警戒状态;当基尼系数达到0.6以上则会发生社会动乱。另外,英国著名的经济学家达尔顿(H. Dalton)在1920年发表的文章《收入不平等的测量》中提出了利用平均差指数测度收入分配中的差距过大和收入不平等,后来成为国际上使用最多的一个测度指标。根据国家统计局数据,中国的基尼系数从2003年开始一直增加,并在2008年达到了最高值0.491。收入分配差距过大,引发了社会收入分配不公。根据世界银行2006年的发展报告《公平与发展》提道:"广泛分享经济和政治机会经济增长和发展也具有至关重要的作用。"[①] 从这个角度来说,城乡收入差距过大以及收入分配不公会对中国的经济发展产生不利影响。

根据资料统计,城乡居民收入差距一直在扩大。除了20世纪80年代家庭联产承包责任制、乡镇企业的出现以及农产品统购统销制度的结束带来过短暂的收入差距缩小之外,20世纪80年代中后期的城市偏向政策将城乡收入差距重新拉大,并一直持续下去。城乡收入差距的绝对值在1978年为209.8元,在2018年达到24634元。若用城乡收入比表示二者差距的相对值,在1982和1983年同为最低值1.53,随后呈现先上升后下降的波动特征,并在2019年达到2.65的高位。在城乡收入快速增加的同

---

① 来自世界银行2006年度《世界发展报告》,题为《公平与发展》。

时，收入差距呈现扩大的趋势，若不采取有效的措施，这种收入差距在未来的几年仍将进一步扩大，并且收入差距已经形成城乡收入分配的严重不公。

从中国城乡收入比可以看出，城乡收入差距大致可以分为五个阶段。第一个阶段为1978—1984年，城乡收入比呈现下降趋势，主要原因是中国家庭联产承包责任制的制度创新，带来农村生产力的快速发展和农村收入的提高；第二阶段为1984—1994年，城乡收入比呈现缓慢上升趋势，城乡居民可支配收入差距扩大，这一时期内国家实行了偏向于城市的政策，使城市在国民收入中获得份额较多，而农村家庭联产承包责任制的制度红利渐渐弱化；第三阶段为1994—1998年，收入比呈现缓慢下滑阶段，第四阶段为1999—2005年，城乡收入差距呈现扩大的态势；第五阶段为2006年至今，城乡收入差距呈现锯齿状特征，表明收入差距在扩大和缩小间交替进行。

二 按收入等级来分析城乡收入水平差距

根据中国统计年鉴，将城市收入组分成七组，而农村收入分成五组，为了便于将城乡收入水平等级不同组进行比较，将城市的最低收入组和较低收入组合并成最低收入组，而较高收入组与最高收入组合并成最高收入组，也就是将收入分成五等分组，即最低收入组、中低收入组、中等收入组、中高收入组以及最高收入组。

根据统计结果显示，2000—2018年，城镇最高收入组的人均年可支配收入从13311.02元增加到84907.10元，增加了5.38倍；城镇中高收入组的人均年可支配收入从7487.37元增加到49173.50元，增加了5.57倍；城镇中等收入组从5897.9元增加到35196.1元，增加了4.97倍；城镇中低收入组从4623.54元增加到24856.5元，增加了4.38倍；城镇最低收入组从2653.02元增加到14386.9元，增加了4.42倍。同样地，农村高收入组居民家庭人均年纯收入从5190元增加到34042.6元；增加了5.56倍；中高收入组从2767元增加到18051.5元，增加了5.52倍；中等收入组从2004元增加到12530.2元，增加了5.25倍；中低收入组从1440元增加到8508.5元，增加了4.91倍；低收入组从2000.51元增加到3666.2元，增加了0.83倍。

城市最低收入组的人均年收入比农村最低收入组、农村中低收入组以及农村中等收入组的人均年收入都要高,2002 年城市最高收入组的人均年收入为 15384.34 元,农村最低收入组的人均年收入为 857.13 元,相差 14527.21 元,前者是后者的 17.9 倍;2012 年城市最高组人均年收入为 47210.56 元,而农村最低收入组的人均年收入为 2000.51 元,相差 45210.05 元,前者是后者的 23.6 倍。

三 按收入来源来分析城乡收入水平差距

根据统计惯例,城乡居民的收入来源分为工薪性收入、经营性收入(其中农村称为经营净收入)、财产性收入和转移性收入。从表 3-6 中可以看出,城镇居民的各项收入随着时间均出现增长,人均可支配收入从 2013 年 26467 元增加到 2018 年的 39251 元,其中以工资性收入和转移净收入的增加幅度最为明显,工资性收入从 2013 年的 16617 元增加到 2018 年的 23792 元,转移净收入从 2013 年的 4323 元增加到 2018 年的 6988 元。工资性收入占比较高;经营净收入的增长趋势较为明显,从 2013 年的 2975 元增加到 2018 年的 4443 元;而财产净收入增加幅度相对其他收入较低,从 2013 年的 2552 元增加到 2018 年的 4028 元,占比一直在低位徘徊。从农村居民收入来源结构来看,整体上农村居民人均可支配收入一直在增加,从 2013 年的 9430 元增加到 2018 年的 14617 元。其中占主要的是人均可支配经营净收入和人均可支配工资性收入,从 2013 年的 3935 元和 3652 元分别增加到 2018 年的 5358 元和 5996 元;其次是转移净收入从 2013 年的 1648 元增加到 2018 年的 2920 元,占比最少的是人均可支配财产性收入,从 2013 年的 195 元增加到 2018 年的 342 元。

表 3-6   中国城乡收入比较(按收入来源)   单位:元

年份	城镇居民人均可支配收入	城镇居民人均可支配工资性收入	城镇居民人均可支配经营净收入	城镇居民人均可支配财产净收入	城镇居民人均可支配转移净收入
2013	26467	16617	2975	2552	4323
2014	28844	17937	3279	2812	4816
2015	31195	19337	3476	3042	5340
2016	33616	20665	3770	3271	5910

续表

年份	城镇居民人均可支配收入	城镇居民人均可支配工资性收入	城镇居民人均可支配经营净收入	城镇居民人均可支配财产净收入	城镇居民人均可支配转移净收入
2017	36396	22201	4065	3607	6524
2018	39251	23792	4443	4028	6988

年份	农村居民人均可支配收入	农村居民人均可支配工资性收入	农村居民人均可支配经营净收入	农村居民人均可支配财产净收入	农村居民人均可支配转移净收入
2013	9430	3652	3935	195	1648
2014	10489	4152	4237	222	1877
2015	11422	4600	4504	252	2066
2016	12363	5022	4741	272	2328
2017	13432	5498	5028	303	2603
2018	14617	5996	5358	342	2920

资料来源：中国统计年鉴。

从城乡收入来源结构的比较来看，城镇居民的经营性收入不如农村居民，其他三项收均高于农村居民，这与城乡居民拥有不同的生产条件是密切相关的。根据马克思关于维持劳动力再生产费用理论可知，无论是主观生产条件（即人力资本方面的教育、培训以及个人健康营养方面）还是客观生产条件（包括生产资料、生产工具）的分配和占有方面，城市均优于农村。生产条件分配上的差距决定了收入分配的差距，这样就导致了城镇的工资性收入大大超过农村居民。[①] 不过，城镇居民人均占有的土地不及农村，农村除了自身的宅基地和自留地等外，还有耕地、林地等生产农产品的土地资料，加之社会主义市场经济体制改革的逐步推进（如取消了农产品的统购包销），这使得农产品的价格逐渐向市场均衡价格靠近，另外，政府近年来对涉农领域的政策倾斜力度较大，因此农民的家庭经营净收入开始出现稳步增长态势。就财性收入来说，由于城镇居民拥有的财富、资产或收入较多，并将它们以存款、金融资产组合等形式进行投资，从而获得相应的投资收益。农村转移性收入低于城镇转移性收入，这

[①] 陈享光：《论建立公平与效率协调统一的收入分配制度》，《经济理论与经济管理》2013年第1期。

与政府主导的再分配机制有关,因为转移性收入属于再分配范畴,而前者的三项收入则与初次分配相关,当前的收入再分配机制不仅没有起到应有的缩小收入差距的作用,反而在再分配中进一步固化和扩大了这种差距,进一步造成收入分配不公平,使得再分配机制产生了逆调节的作用。[①]

第四节　中国金融发展与收入差距的动态相关性

一　灰色关联模型（GM）的适用性

从中国金融运行的实践来看,结合马克思主义金融资本理论,中国的金融发展呈现出货币化、货币资本化以及虚拟资本化三个进程,并且这三个进程在当前同时存在。根据已有的文献和理论可知,收入差距过大以及收入分配不公现象的原因固然有很多种,但从前面的分析可以看出中国金融发展与收入差距之间有重要的关联,而且随着时间的推移这种关联性也会发生变化。因此,有必要从实证的角度对两者之间的动态相关性进行初步分析,同时为后文进一步的理论分析和实证检验做一个铺垫。

在数学模型中,研究动态关联性的方法有很多,在这里选取了灰色关联模型对其进行分析。从系统论的角度来看,将信息完全明确的系统称为白色系统,信息未知的系统称为黑色系统,而介于这两个系统之间的称为灰色系统。在本节的研究中,可以将货币化指数、货币资本化指数、虚拟资本化指数与城乡收入差距纳入一个完整的经济系统中,针对前面的文献综述我们可以断定前面三个指数与城乡收入差距之间存在一定的相关关系,由于本书的研究目的是金融发展与收入差距之间的关系,因此在达到这个预期的研究目标之前尝试对相关关系进行动态的测度,也是一个必要的逻辑分析前提。

二　灰色关联模型（GM）分析

1. 为了对金融发展与收入差距之间的动态相关性进行测度,首先确定反映金融发展与收入差距系统特征的参考序列（又称母序列）和影响该系统的比较序列。用$y_0(t)$表示城乡收入差距的初始时间序列,即未进行任何处理的原始数据。用$X_0(t)$表示中国金融发展指数的初始数据,其

[①] 陈享光、孙科:《转移性收入的城乡不平衡问题研究》,《教学与研究》2013年第6期。

中具体数据可参见前面的分析。用 $X_{01}(t)$、$X_{02}(t)$、$X_{03}(t)$ 分别表示中国货币化指数、货币资本化指数以及虚拟资本化指数的初始时间序列，其中：

$$y_0(t) = \{y_0(t), t = 1,2,\cdots,n\}$$
$$X_0(t) = \{X_0(t), t = 1,2,\cdots,n\}$$

2. 本书采用初值变换对各变量序列进行无量纲化处理，消除了各变量之间由于计量单位不同和数据级数不同带来的干扰，便于更好地进行比较分析。以 $y(t)$ 为参考序列，表示城乡收入差距的时间序列，以 $X(t)$ 为比较序列，在本书中有三个比较序列，分别用 $X_1(t)$、$X_2(t)$、$X_3(t)$ 表示经过处理的货币化指数、货币资本化指数以及虚拟资本化指数，时间段从 1993 年到 2018 年。其中无量纲化处理公示如下：

$$y(t) = \{y_0(t)/y_0(1), t = 1,2,\cdots,n\}$$
$$X(t) = \{X_0(t)/X_0(1), t = 1,2,\cdots,n\}$$

3. 用 $\xi(t)$ 表示金融发展与收入差距之间动态相关性的测度指标——动态关联度，因此，$\xi_1(t)$、$\xi_2(t)$、$\xi_3(t)$ 分别表示中国货币化指数、货币资本化指数、虚拟资本化指数与城乡收入差距的动态关联度，其中动态关联度的计算公式如下列式所示：

$$\xi_i(t) = [\min_i\min_t |y(t) - x_i(t)| + \rho\max_i\max_t |y(t) - x_i(t)|]/[|y(t) - x_i(t)| + \rho\max_i\max_t |y(t) - x_i(t)|]$$

上式表示动态关联度的计算，是一个时间序列，同时也是个有界的离散函数，其中 ρ 为分辨系数，又称灰色系数，其数值越大，则分辨力越低，一般取值区间为 (0,1)，在这里按照惯例取值为 0.5。

4. 对关联度进行计算。下式为关联度的计算，该数值越大，说明母序列与比较序列关联越紧密。

$$r_i = \sum_{t=1}^{n} \xi_i(t)/n$$

三 中国金融发展与收入差距动态相关性的测度

根据上述公式的计算，可以得到中国金融发展和收入差距动态相关性的测度结果，见表 3-7。

表 3-7　　　　　　中国金融发展与收入差距的动态相关系数

年份	$\xi_1(t)$	$\xi_2(t)$	$\xi_3(t)$
1993	1.00	1.00	1.00
1994	0.91	0.78	0.96
1995	0.90	1.00	0.95
1996	0.68	0.69	0.90
1997	0.58	0.54	0.79
1998	0.53	0.47	0.76
1999	0.49	0.47	0.69
2000	0.51	0.51	0.57
2001	0.48	0.50	0.61
2002	0.47	0.48	0.65
2003	0.44	0.44	0.66
2004	0.46	0.46	0.72
2005	0.45	0.47	0.78
2006	0.47	0.50	0.61
2007	0.53	0.60	0.33
2008	0.53	0.59	0.62
2009	0.39	0.38	0.46
2010	0.37	0.35	0.48
2011	0.36	0.36	0.58
2012	0.33	0.33	0.58
2013	0.29	0.29	0.43
2014	0.27	0.27	0.41
2015	0.25	0.24	0.38
2016	0.23	0.22	0.36
2017	0.20	0.20	0.33
2018	0.18	0.17	0.31

资料来源：笔者自行计算。

从表 3-7 可以看出，货币化指数与居民收入差距之间的相关系数呈现下降的趋势，从 1993 年到 1999 年直线下降，在 2000 年小幅上升后保持直线下降趋势，此后一直下降。另外，货币资本化指数与城乡收入差距之间的相关系数在曲折中下降,下降的趋势与前面的相似。而虚拟资本化指数与城乡收入差距的相关系数呈现出先下降后上升的"U"形特征。

第五节 本章小结

本章对中国金融发展的总体概貌与内部结构进行了分析。运用了马克思金融发展理论对中国的货币化、货币资本化以及虚拟资本化进程进行了重新界定,同时对当前收入差距的总体概貌和内部结构进行了分析,最后对两者之间的相关程度进行动态测度,发现中国金融发展中的货币化进程与货币资本化进程与收入差距的关联度均为0.55,而虚拟资本化进程与收入差距的关联度则为0.69(见表3-8),粗略的实证分析是为后续章节的理论分析和实证检验打下基础。

表3-8　　　　　中国金融发展与收入差距综合相关系数

相关关系	系数
r_1	0.55
r_2	0.55
r_3	0.69

资料来源:笔者自行计算。

第四章

政府在金融发展中的作用：
一个扩展分析

在第二章关于金融发展与收入差距的基础理论分析中，涉及政府在金融发展中的作用，这种作用是政府通过主导金融体制进而对金融发展施加影响的。在计划经济时代，资金等金融资源是属于政府高度集中管理的，市场在资金配置中基本不起作用，由此形成了政府主导型和控制型的金融体制。随着社会主义市场经济体制的逐步确立，要求建立以市场配置金融资源为主、以政府配置金融资源为辅的金融体制。金融体制的改革目标是政府与市场之间关系的优化，是政府与市场在配置金融资源占据主导地位的纳什均衡。因此，在分析金融发展导致收入分配差距的作用机制之前，应该先分析政府的行为如何干预金融发展进而对收入分配差距产生效应。

根据马克思对金融发展理论的分析，政府可以通过金融发展的两个渠道对居民收入分配产生影响。第一，从直接效应上看，政府凭借主权和信用发行国债这一虚拟资本以及对现在和未来进行征税本身是一种收入再分配的调节方式，从而改变了收入分配格局和缩小了收入差距。第二，从间接效应上看，政府也具有经济理性，通过干预行为影响金融发展的进程或者金融运行方式，进一步改变居民的收入分配格局。根据张杰对中国社会划分为二重结构的阐述，中国的转轨背景和特征内生于长期稳定的二重社会结构中，社会权力机制的失衡自然而然地衍生出政府的威权体系并内生出特定的金融制度安排，使得政府对金融体制安排存在明显的干预。另外，从西方金融发展的理论来看，无论是金融抑制论强调政府提供公共品和维持有序的市场竞争环境还是金融约束论提出的政府对金融发展选择性干预的观点，均表明政府在一定程度上是市场的替代机制和组织。青木昌彦认为政府的作用是市场增进论，而不是与市场的资源配置功能存在对立的局面。因此，政府与市场在某种程度上应该存在竞合关系，在有的领域内与市场存在替代关系，在有的领域与市场互相促进共同增进经济增长、金融发展与资源配置①。从这个角度来说，中国政府在金融发展中的作用具有理论上的支撑前提，并且在经济体制转型与经济发展双重背景下又具有独特的一面。

从经济实践来看，以日本和韩国为典型代表的东亚发展模式是政府主导的金融发展战略，② 为自己国家的金融发展奠定了坚实的基础，促进经济增长和居民收入的增加，该东亚模式"属于政府增进市场效率的小国模式"。由此看来，在中国特色社会主义市场经济的大背景下，探讨政府在金融发展中的作用，对研究金融发展和收入分配差距关系问题具有重要的作用。

第一节　政府干预金融发展的原因

一　政府干预金融发展的主观原因

（一）政府的经济理性主义

经济理性是西方经济学中对经济主体做出的一项关于经济行为的基本假设，认为人在经济活动的基本考量是追求效用、利润或者物质利益的最大化。在有约束的条件下，经济人的理性是有限的，绝对理性是不存在的。它最早源于亚当·斯密在《国富论》中的阐述，当时主要对象是资本家。随着经济理论和实践的发展，经济理性对很多主体来说也是适合的。对于政府来说，政府的理性主义包含两个维度，一方面是作为宏观经济的调控者、市场经济秩序的维护者、市场经济体制的供给者以及公共服务和公共产品的提供者；另一方面，政府具有一定的利己主义，与市场经济中的居民一样追求个人效用的最大化。

制度经济学中的变迁理论也认为政府是理性的。这种理性表现在政府具有一定的偏好和效用函数，仅就这点来说与市场经济中的消费者和生产者类似。在面对经济活动的时候，政府也会基于成本收益分析法对自己的经济行为进行一番分析，在面对不同的约束条件下获得相应的最优内点解

---

① ［日］青木昌彦、金滢基、奥野-藤原正宽：《政府在东亚经济发展中的作用——比较制度分析》，张春霖译，中国经济出版社1998年版，第184页。
② 张杰：《政府的市场增进功能与金融发展的中国模式》，《金融研究》2008年第11期。

或者角点解收益。对于经济理性的政府来说，政府行为服从于成本最小化或者收益最大化的原则，成本和利益结构的复杂性和多样化导致了政府行为的多样性。

20世纪40年代发展起来的以著名经济学家詹姆斯·布坎南为代表人物的公共选择理论（Public Choice Theory）认为，政府是一个具体的有着自身利益目标和偏好的行为人，并不是一心一意地以社会福利最大化为行动目标。作为政府官员的自然人，偏好于政治上的晋升以及经济上的收入和福利等。因此，在政治家和公务员的个人利益与社会公共利益出现偏差的时候，政府行为可能会受到官员作为自然人角色的私人利益的激励而偏离公共利益。

政府在金融领域的经济理性主义是指通过成本收益的权衡进行的一系列金融考量和行为。对于发展中国家来说，由于金融体制处在不完善的阶段，金融机构体系未能实现市场化、商业化的运作，金融市场出现了分割，资金的收益率由于存在市场结构的分割而无法统一，这为政府进行金融套利和寻租提供了空间，因此政府的经济理性应该是建立在对金融体制、金融机构、金融市场和金融工具进行主导性介入的基础上。在金融发展的过程中，政府为了促进金融发展自上而下的提供了强制性金融体制供给，这是为了增加经济产出以及对经济体制转轨中的摩擦起到平滑作用。在这个主导性介入的过程中，其经济理性中的成本收益结构发生了改变，具体是在政府获得了额外的制度上的寻租收益。

（二）政府在金融发展中的效用函数

根据诺思对国家理论和制度理论的分析可以知道，国家的行为不仅是一种经济理性行为，更重要的是国家行为符合一定的效用函数。对于当前的中国来说，政府在金融发展中的效用函数可以分为直接效用函数和间接效用函数。政府获得的直接效用是指政府通过发行货币获得铸币税，获得国有金融体系上缴的税收和经营收益，同时政府对金融资源具有使用权，间接效用体现在对金融资源的控制和支配以保证金融发展对经济增长的支撑作用的基础上，有利于促进区域经济增长。

同时，根据张杰关于三重结构的理论，地方政府在金融发展中的效用函数则依赖于其作为中央政府与非政府组织之间的中介，具有双重效用结构。一方面在与中央政府的政治契约和经济博弈中获得一部分金融资源的控制权，从而掌握一部分金融资源。在金融发展的过程中，地方的城市商业银行、股份制商业银行、农村信用合作社、互助社以及村镇银行等满足了地方政府的效用。另一方面，就地方区域来说，地方政府通过对经济资源和金融资源的占有，满足其进行经济调控和促进经济增长所需的物质基础。

（三）地方政府间的锦标赛效应

地方政府对金融发展进行干预的另一种重要原因在于地方政府发展经济的动因。在中国，东中西部的经济发展不平衡，地域上存在资源禀赋的差距，同时也由此内生出了政策差距。地方政府官员的政绩考核机制与经济发展密切相关，通过衡量地方 GDP 的规模大小来测度官员的政绩。根据 GDP 的组成结构可知，资本密集型产业的规模越大，GDP 增加值也就越大。因此地方政府通过投融资平台发展资本密集型产业能够快速提高 GDP，导致各地方各区域之间的经济发展模式和产业结构类似，而不顾及各地方的比较优势。资本密集型产业的发展，需要较强的资本形成能力。在这种需求下，地方政府的经济增长任务在很大程度上异化为高度雷同的投融资的经济行为。随着分税制改革，地方政府融资可以划分为内源性融资和外源性融资，内源性融资主要是指地方的税收和各项行政事业性收费，而行政性事业收费历来所占比较小。由于中央和地方之间的分税制格局，地方政府获得的财权相对减少以及税收下降，进而导致财权事权不对称。为了缓解这种内源性融资带来的资金不足的问题，在居民储蓄存款增加的背景下，地方政府自然而然地通过金融体系获得资金，于是地方政府开始了与金融体系之间的博弈，以发展地方经济与提供公共产品和公共服务为由，并以国有企业为载体与银行等金融机构进行讨价还价。在中央政府通过国有企业发展国有经济以稳定宏观经济基本面的指导方针下，银行为地方政府以及国有企业提供了大量的信贷资金，这样地方政府也就相应地获得了融资博弈中的纳什均衡。因此，地方政府之间的竞争导致了地方政府在财力逐渐下滑的条件下产生了以地方国有企业为载体和缘由干预金融发展的内在动机，使得地方政府在金融发展中产生了一定的正向效应。① 中国经济体制改革向社会主义市场经济体制的逐步转型依次经历了供给主导型、中间扩散型和需求诱致型三阶段，与此相应在金融体系的发展过程中也有经历金融领域内的三阶段转变。由于初始条件是高度集权的

---

① 杨瑞龙：《我国制度变迁方式转换的三阶段论——兼论地方政府的制度创新行为》，《经济研究》1998 年第 1 期。

垄断型金融体制向竞争型的多元化金融体系转变，地方政府在金融体制转轨和金融发展过程中的作用是不可忽视的。

二　政府干预金融发展的客观原因

（一）经济体制变迁与经济发展战略

中国的经济体制改革是遵循从上到下主导性介入的原则，是有别于"大爆炸"的激进式改革的渐进式改革，在"摸着石头过河"的指导思想下，经济体制改革先试验后推广，这不是基于自下而上地内生出改革的需求，而是政府强制性地提供制度供给，以解决计划经济时代的经济停滞和僵化等问题。从体制变迁的空间顺序来看，先东部，后中西部，先沿海，后内陆；从体制变迁的时间顺序来看，先实体经济，后虚拟经济，先财政体制，后金融体制。金融体制改革的滞后，在很大程度上取决于政府的偏好和效用函数，即在通过保持或增加体制内经济产出的情况下减少转轨摩擦。

根据制度经济学的理论可知，经济体制的改革是出现了现行制度下无法获取的利益，通过制度变迁可以获得这部分额外利益。这只是从总体上进行分析的。从结构上来看，这部分额外利益不可能被所有的人都获得。在制度变迁和经济体制改革的过程中，部分人会承担额外的经济损失，成为利益受损集团，而利益受损集团会对改革进行抵制和反抗，从而形成改革中的阻力。所以，为了使改革按照既定的预期有步骤地进行，应该对利益受损集团进行补贴。

同时在计划经济时代，社会福利是与居民劳动直接相联系的。在城市，居民的福利由企业提供，在农村集体经济下以村社为所有权和以户为经营权的基本经营制度，使得土地承载了一定的社会保障功能。经济体制的转轨使社会保障和社会福利无法在短期建立，为了不至于引起改革阻力和社会动荡，需要政府承担这种社会性的负担。而承担这种社会性负担的最自然的做法是通过扩大金融组织体系获得金融资源的使用权，以满足改革过程中引致的事权扩大所带来的资金需求。

因此，金融体制改革的滞后，既是为了保障经济体制改革的整体性和协调性，同时也是政府对利益受损者进行补贴以减轻改革中的社会性负担和减少改革中的摩擦。另外，金融体制改革的滞后性使得金融市场未能及时发育起来，金融产品呈现单一化的特征，这就使得居民只能将剩余大部分的可支配收入以货币性金融资产或者储蓄存款的形式保存起来。针对非货币性的金融资产来说，持有货币性金融资产的机会成本较低，即方便政府对其进行管理和控制。

(二) 防止金融脆弱性

20世纪30年代以来每隔一段时间爆发的资本主义经济危机，引发了人们对金融脆弱性问题的关注。金融发展如果偏离了预期的轨道，会导致金融危机和经济危机。著名经济学家海曼·明斯基提出的"金融不稳定假说"，开创了后凯恩斯主义学派的一个重要分支。他认为金融业的发展存在脆弱性，根据债务与收入之间的关系推导出金融结构最终向庞兹金融转变，负债会越来越多，金融机构和金融市场会变得更加脆弱，这对经济发展将会产生严重的影响。马克思认为现实资本和金融资本在不同的轨道上积累的方式和规模的不同，同时在实体经济领域和虚拟经济领域内资本的幼崽——获得的剩余价值和利润率的不同，越来越多的产业资本会通过银行体系和金融市场转变为金融资本，导致金融领域中的资本过剩，从而引发金融领域的不稳定性和脆弱性，马克思时代出现的银行信用危机以及2007年的次贷危机均证明了这一点。

西方发达国家的金融脆弱性的前提在于金融市场发展较为完善，存在金融过度市场化的倾向，这为各国政府进行金融干预和控制奠定了理论基础和实践基础。政府的职责不仅仅是行使金融领域内"守夜人"的角色，应该对金融机构和金融市场进行适度干预。

对于转型期的中国来说，中国金融的脆弱性具有不同于发达国家的规定性。金融发展的速度较慢，金融体制的改革滞后，金融领域的市场化还远未完成，这些均会导致金融机构、金融市场的某些功能被异化，其中最主要的是信贷软约束的国有银行对预算软约束的国有企业的贷款行为演变成财政拨款行为，从而导致"三角债"的发生。这种"三角债"如果不加以制止，不仅通过国有企业影响实体经济运行，导致产能过剩、产业结构雷同化和无法有效升级，而且通过国有银行导致金融体系出现大批的呆账坏账，从而对以银行主导的金融体系构成威胁，引发金融脆弱问题甚至导致银行危机和金融危机。

(三) 金融发展中的市场失灵

金融发展中的市场失灵主要表现了金融机构和金融市场的负的外部性——破产的负外部性。当一个金融中介机构出现破产的时候，会产生一系列多米诺骨牌效应，影响到其他的金融中介机构，这时居民会对金融中介机构和金融市场的信心不足，继而羊群效应导致居民集体挤兑，从而使金融中介体系产生危险，此后会通过一系列传导机制影响到其他经济领域。Diamond 和 Dybvigr[①] 的挤兑模型的意义在于政府应该对金融发展进行适当的控制。

对于中国的金融发展来说，在以银行体系为主导的金融结构中，政府多年来通过主导投资驱动经济增长和发展，导致了以国有经济和国有资本为代表和载体的国有企业在投融资中起到具体的执行政府经济职能的作用。国有企业的投资资金来源一方面是财政收入和补贴，另一方面则是依赖于自身的经济地位从国有银行中获得充裕的贷款。因此，金融市场上的市场失灵可以表现在信贷市场上的失灵。对以国有企业和国有银行组成信贷市场上的主体来说，国有企业作为货币资金的需求者，对货币资金的价格——利率的反应不够灵敏，即使是国有企业面临亏损时，也存在强烈的投资冲动，因此只要存在信贷市场，就会产生对货币资金的需求。因此，为了缓解信贷市场上的市场失灵，政府有必要通过占有一部分金融资源，以遏制金融市场负的外部性。

（四）替代财政收入下降的融资机制

数据显示，中国自 1978 年以来中央财政收入占比不高，1984—1993 年中央财政收入占比一直下滑，使得中央政府无法履行应有的经济职能——宏观调控、制定政策以及维护社会稳定等。财政收入的下滑，倒逼中央政府希冀通过金融体系获取金融剩余。直至 1994 年分税制改革后，中央政府财政收入才超过地方财政收入，同时地方政府的财政支出在 1985—2006 年一直高于中央政府的财政支出。因此，财政收入与支出的不平衡势必会使地方政府从其他渠道筹措维持其双重角色的资金需求。

因此，为了保持经济转轨的过渡性和连续性，中央政府的角色属性和主体定位从本质上要求国家通过另一种机制来补充中央财政收入，而这种机制就是金融机制。

表 4-1　　　　　　　　　央地财政收入规模及结构　　　　　　　　单位：亿元

[①] Douglas W. Diamond and Philip H. Dybvig, "Bank Runs, Deposit Insurance, and Liquidity", *Journal of Political Economy*, Vol. 91, No. 3, 1983, pp. 401–419.

年份	中央财政收入	地方本级财政收入
2009	35895.89	32581.21
2010	42470.46	40610.05
2011	51306.00	52434.00
2012	45527.14	50764.83
2013	49396.00	57322.00
2014	52719.00	62708.00
2015	57659.00	68840.00
2016	60592.00	71575.00
2017	65853.00	75259.00
2018	67228.00	79571.00

数据来源：Wind 数据库。

综上所述，政府干预金融发展是基于经济体制变迁与经济发展战略、金融发展的脆弱性、金融市场负的外部性以及财政收入下降时的融资替代机制的客观原因，这些原因交织在金融体制改革的进程中，不可避免地导致了政府对金融发展产生了干预和控制，从而使中国金融发展的路径比西方资本主义国家更为复杂和特殊，这种复杂和特殊性不仅表现在经济增长和经济发展的影响上，更主要的是表现在对居民收入分配格局的影响上。

第二节 政府对银行中介机构的干预

政府基于一些主观原因和客观原因对金融发展进行干预，影响了金融发展的轨迹。政府干预金融发展的方式有很多，例如，从存款准备金制度、存贷差、利率控制以及信贷控制等方面影响银行中介机构的发展。

一 通过存款准备金

中央通过银行体系的法定准备金这一手段对金融资源进行控制从而对金融发展进行数量上的干预。国有商业银行以及其他股份制商业银行通过缴纳一部分的法定准备金保证了银行经营货币资本所需的资本充足率要求，增强了自身抵御金融风险的能力。

在经济转轨时期的中国，存款准备金率除了调节货币供给和需求，维持金融稳定，保障金融安全以及实施国家宏观调控政策之外，在某方面还成为补充中央财政收入的一种机制，即通过对各银行金融机构的存款准备金率的控制，达到了控制金融资源的作用。由于中央银行对存款准备金率的控制，国有商业银行（工、农、中、建、交、邮）的信贷创造能力受到一定的压缩。根据货币供给函数理论，随着存款准备金率的提高，货币供给乘数变小，从而影响社会中的货币供给量和信贷投放量，继而影响投入经济增长领域中的货币资金规模和商业银行从事货币资本经营的收益。

20世纪80年代，根据当时规定存款机构一般将储蓄存款的40%上交给国家，包括农信社转存款在内的农村存款的25%上交给国家作为存款准备金，而企业存款缴纳20%的存款准备金以及财政性存款的100%作为存款准备金上交给央行。在当时这不仅是一种重要的金融制度创新，更重要的是获得了高额的货币资金。随着改革的逐步深化，存款准备金率起伏变化，以配合当时的经济形势。在1988年之前，存款准备金率一直保持在13%左右，同时还要求各专业银行缴存5%—11%的备付金。根据国家统计局统计，法定存款准备金率达到了18%—24%的水平。1998年和1999年存款准备金率分别调整到8%和6%，2003年在国有商业银行拉开股份制改革的背景下，城乡信用社和其他金融机构的存款准备金率分别调至6%和7%。2004年，城乡信用社保持不变，而大多数金融机构上调0.5个百分点，少部分增调1个百分点。之后到2011年存款准备金率一直保持增加的趋势，旨在抑制通货膨胀。截至2019年大型金融机构的存款准备金率升至13.50%，中小金融机构则为11.5%。[①] 从存款准备金率变迁的历程可以看出，中国人民银行通过存款准备金率控制了流动性的总体规模，在经济过热时候避免流动性过剩和泛滥，在经济不振时防止流动性更加稀缺，从而维持了经济的可持续快速增长，继而提高了整体国民的收入水平。

与西方国家金融机构的法定准备金率的总水平一般在10%以下相比，中国的存款准备金率较高，这就强化了国家以国家权威主义实行信用支配和控制金融资源的能力，同时也就相应地弱化了国有银行对资金的支配权。当然，在发达市场经济国家，也存在存款准备金制度，但是存款准备

---

① 存款准备金率是日度数据而不是年度数据，在这里为了对整个历程有一个简短的回顾，将某年的具有代表性的某一日的数据当作概念的年度数据。

金率低于当时的中国。

二 通过存贷利差

(一) 政府对存贷差的控制

存贷差是指贷款利率与存款利率之间的差额。[①] 在中国,利率具有双重意义。一方面具有量上的规定性,它反映货币资金的稀缺程度即价格,对居民的收入、消费和储蓄有着重要的影响,利率对资金供需的调节作用随着金融发展的深化而不断加强;另一方面,它具有质上的规定性。对于商业银行来说,利率是配置金融资源的重要手段,在资本市场发展缓慢或者不成熟的阶段,金融机构尤其是银行业承载了经济增长和发展中大部分的融资任务。而银行的主要业务——存贷款都是与利率直接挂钩。政府通过对利率的控制,使商业银行获得了一定的金融资源,而这部分金融资源大都是从居民手中无偿或者低成本获得的。这不同于政府从居民家庭和企业单位手中征收强制性税,也不同于资本主义社会中金融资本家通过"金融掠夺"的方式攫取和剥削产业资本家、小资本家和劳动工人。由于存款利率即国有商业银行获得金融资源的成本较低,并且国有金融机构利用国家信誉和担保机制通过扩大国有金融组织边界获得了较多的存贷差额,也就无偿获得较多的金融资源和金融剩余。随着存贷款利率市场化的逐步完善,存贷差逐渐缩窄,但由于政府对存贷差控制能力逐渐下滑,即使在存款利率也实现市场化以后,仍然存在依赖于体制优势和组织优势获得存贷差收益的情况。

根据世界银行的统计资料显示,中国的存贷差较之世界其他发达国家高。1980—2011年,中国的存贷差从-0.36曲折上升到3.1,并在2001年、2002年和2006年达到最大值3.60,而韩国和日本的存贷差仅为1.0左右。根据有关学者的研究,金融浅化与存贷利差负相关。林毅夫认为银行的贷款利息应该在10%以上,而中国只有6%左右,一般国家的存贷差只有1%左右,而中国平均为4%。因此中国商业银行的存贷差较大,一方面表明国有商业银行无偿获得了一部分金融资源;另一方面表明中国的

[①] 李成:《利差演进、利差层次与中国利差结构分析》,《金融论坛》2004年第6期。存贷利差呈现三个层次,一是中央银行设定的再贴现率与贷款之间的利差,二是商业银行体系经营时候的存贷差,三是由国际金融资本的发展带来的国际存贷利差。

银行主导型金融发展的特征明显。

表4-2　　　　　　　　中国金融机构的存贷差　　　　　　　　单位:%

年份	存贷差	年份	存贷差
1995	1.08	2007	3.33
1996	2.61	2008	3.06
1997	2.97	2009	3.06
1998	2.61	2010	3.06
1999	3.60	2011	3.10
2000	3.60	2012	3.00
2001	3.60	2013	3.00
2002	3.33	2014	2.85
2003	3.33	2015	2.85
2004	3.33	2016	2.85
2005	3.33	2017	2.85
2006	3.60	2018	2.85

资料来源：世界银行金融部门数据库（http://data.worldbank.org.cn）。

(二) 存贷差与收入分配差距

中国的存贷款差不仅是一种数量指标，更是一种内涵指标。由于存贷款差承载了不同主体之间的利益关系，也就相应地承载了不同主体之间的收入分配关系。

1. 存贷差反映了居民对国有银行的直接补贴

通过表4-2中存贷差和存贷比的数量指标可以看出，这些指标均反映了居民、企业、银行与政府之间的收入利益分配。根据利率的属性可以知道，居民将可支配收入的一部分存入银行，获得存款利息，存款利率反映了居民从储蓄中获得的收入，存贷差则是银行依靠自身的特许权和信誉经营货币资本和虚拟资本获得的收入，其中还要扣除一些经营费用。存款利率可以反映银行从居民手中融资所生成的成本，存贷差与存款利率的比值可以测量银行每单位成本中获得收入。由于存款利率较其他国家低，银行获得低成本的信贷资金，并通过对该笔货币资金的放贷行为，获取了较高的贷款利率收益。这是居民在市场化不完善条件下对银行进行的一次直接补贴，反映了居民与银行之间的收入分配关系。

2. 存贷差反映了居民对国有企业的间接补贴

对中国而言，实体经济的问题与虚拟经济的问题存在镜像关系，如产能过剩与不良贷款属于一枚硬币的两面。银行的不良贷款大部分是由于实体经济领域内产能过剩而无法实现"惊现地跳跃"，与居民对国有银行的直接补贴形成对照的是居民对国有企业的间接补贴。由于国有银行、国有企业与政府之间存在三角关系，银行对以政府信用作担保的国有企业的贷款不是基于市场化的运作经营，而是在存款利率尚未完全放开的情况下，形成了一种资金流动和补贴机制，即通过存款贷款机制使得居民的储蓄存款低成本的被国有企业支配和使用。

3. 存贷差结构与收入差距

存贷差在城乡结构上的映像是城乡居民存款与贷款的不对称。城市居民在银行以及其他金融机构储蓄进行存款，同时根据自身消费和投资需求有能力申请到相应的贷款。农村居民存款额度总体来说并不高，同时商业银行的市场化操作使得农村家庭在实际中能申请到的贷款相对城市居民较少而处于金融抑制的状态。所以，从存款与贷款的净额来看，城市居民的存款规模低于银行等金融中介机构的贷款规模，农村居民的存款规模高于贷款规模。也就是说，银行将农村居民的储蓄存款净额对城市居民进行了贷款。因此，城乡居民收入差距在原本存在的情况下通过金融工具和货币资本的媒介形式进一步放大。

考虑到通货膨胀的因素，城乡居民收入差距之间的情况会在存贷差的基础上进一步恶化。根据通货膨胀的相关理论可知，高通胀率对贷款者有利，而对存款者不利，产生了再分配效应。因为名义贷款利率减去通胀率所得到的实际贷款利率会下降，降低了贷款人的成本，同时居民的储蓄存款利率减去通胀率之后所获得实际储蓄利率会更低，减少了储蓄者应得的货币收益。在居民的储蓄行为中产生了两个级别的贷款人，一级贷款人为银行机构及其他存款储蓄机构，二级贷款人主要为国有企业等大中型企业。因此，通货膨胀作为一种再分配机制，与存贷差产生的收入差距扩大机制叠加在一起，使存款者与贷款者之间的收入分配格局产生了重大变化。

表 4 – 3　　　　　　　　中国的通货膨胀率　　　　　　单位:%

年份	通胀率	年份	通胀率
1991	3.49	2005	1.82
1992	6.34	2006	1.47
1993	14.50	2007	4.77
1994	24.18	2008	5.90
1995	17.07	2009	-0.68
1996	8.33	2010	3.33
1997	2.81	2011	5.41
1998	-0.78	2012	2.65
1999	-1.40	2013	2.62
2000	0.35	2014	1.99
2001	0.73	2015	1.44
2002	-0.77	2016	2.01
2003	1.17	2017	1.55
2004	3.90	2018	2.13

资料来源：Wind 数据库。

由于中央银行对利率存在管制，使得存款利率低于完全竞争条件下的瓦尔拉斯均衡水平，而贷款利率在 2013 年 7 月 20 日完全放开后逐步向瓦尔拉斯均衡靠近，导致中国银行业存在金融约束现象。

三　通过信贷

纵观中国金融体制改革的历程可以看出，信贷管理制度的变迁经历了 1981 年的"统一计划、分级管理、存贷挂钩、差额包干"、1985 年"统一计划、划分资金、实存实贷、相互融通""贷款差额管理"、1998 年全面的"资产负债比例管理"等。20 世纪 80 年代之前，由于贷款是银行的主要资产，通过控制信贷资源在控制货币供应量中可发挥很大的作用。在这种情况下，货币乘数定律是不起作用的。通过控制信贷的方式，使得有限的信贷资源流向了政府投资冲动偏好的领域，这对经济增长总量来说起到重要的作用，但对于各个地区和各个行业来说出现了信贷资源的分配不协调和不均衡，城市获得信贷资源要高于农村，经济发达地区的信贷资源要高于经济欠发达的地区和老少边穷地区，资本密集型产业所获得信贷资源要高于劳动密集型产业等。

政府对信贷的控制对于培育银行间公平竞争产生不利的效应，因为中小银行的中间业务量相对较小，由此获得的收入较低，面对的压力也较大。根据有关资料显示，目前城市商业银行、大型商业银行的中间业务收入各为3.67%和17%，而农村信用社不到1%。因此，在通货紧缩时期，大银行由于较少依赖生息资产和货币资本，具有更加明显的优势。

随着银行资产结构越来越复杂，以及其他类型金融机构的出现，信贷规模这种管理办法已经不再适应金融发展的要求。虽然信贷资源在银行资产中的权重趋于下降，但货币政策中仍然存在政府对信贷的控制，比如在金融危机爆发时，中国人民银行在2007年采取了信贷规划的方法，即要求商业银行在当年年底的贷款余额不能超过上一季度的贷款余额。因此，政府对信贷的控制，在一定程度上控制了银行的贷款资金，低成本地获得一部分金融资源的使用权和配置权。

因此，在金融体制逐步转轨的过程中，政府对信贷的控制对经济金融都产生了重要的影响，但随着金融发展的路径延伸，政府会越来越少干预信贷的控制，那时，政府与市场之间的关系随着金融体制的改革而得到最优化。

第三节 政府对资本市场的干预

中国当前融资机制是以银行主导型金融体系为主，但随着经济发展和体制转轨，资本市场也逐渐发展起来，成为融资机制的一个重要组成部分。由于资本市场的发展与银行金融中介机构的发展不一样，政府对资本市场干预的力度也不一样，资本市场的发展过快会冲击银行中介机构的发展，因此在对资本市场的发展上采取了更为严厉的管制措施。中国的资本市场的发展并不是市场自发演进的结果，而是政府强有力干预和市场机制不断博弈后的结果。政府对股票市场和债券市场的干预是在金融体制的渐进式转轨中完成的，这就是说，政府对金融发展干预的变化也是金融体制的转化。

资本市场是虚拟资本运动的载体和场所，由于股票和债券等虚拟资本存在差异性，为了论述的方便，分别对两个市场进行阐述。

一 政府对股票市场的干预

由于一直以来受到意识形态的影响，中国将资本市场认为是发达国家特有的融资渠道，对股票的发展存在很多管控。20世纪90年代以前，中国的股票市场发展缓慢。[①] 在这一时期，中央政府对资本市场发展并无明确的态度，地方政府为了发展本地经济以及提高本地居民人均收入在较小范围内发展股票市场。20世纪90年代后，为了配合企业股份制改革和拓宽企业的融资渠道，资本市场得到发展，但仍是一种有限制地发展资本市场。1992年邓小平"南方谈话"以后，股票市场开始了新的发展，实现从无序到有序的突破性进展。中央政府开始介入并主导资本市场的发展，同时由于银行业金融机构存在系统性金融风险，鼓励居民进入股票市场购买股票为国有企业提供资金，中央政府限制了非国有企业进入股票市场进行融资，股票、企业债券的额度管理与行政审批成为证券市场发展的主要特征之一。1992年《进一步加强证券市场宏观管理的通知》的颁布明确对证券的发行规模进行额度审批。1996年《关于股票发行工作若干规定的通知》又对新股发行规模采取总体控制的方式，并且优先对国家扶持的重点企业和试点企业提供融资。伴随着国有企业的股份制改造以及公开上市，股票市场也相应地得到了发展。

20世纪90年代，随着国有企业改革对资金的需求，加之1998年亚洲金融危机后中国政府要求降低银行体系的不良贷款，因此资本市场的发展受到国有经济体对资金需求的影响。为了防止资本市场的发展导致信贷资金的分流与国家发展战略不一致的情况出现，因此资本市场的定位就必须基于国家重点发展的能源、通信、农业以及交通等产业。

同时政府对股票市场的筹资额度进行了严格控制。证券主管部门将全年的总发行规模分解到各省市以及各部门，经报国家有关部门批准后才能发行股票。因此，上市资源指标就成为稀缺资源，国家为了保证股票市场的资金流向战略发展领域，在成本最小化的情况下自然而然就形成了对企业的所有制偏好，同时这些企业属于重点支持发展的产业。股票市场在规

---

① 李扬、王国刚：《中国金融改革开放30年研究》，经济管理出版社2008年版，第320页。

模和数量上的发展（即便发展也是政府主导的发展）没有带来相应的金融功能（如价格发现、市场定价以及资源配置功能）的发展，股票的定价是基于市盈率的，发行额度和分配制度均是上级政府的制度，同时在2005年股权分置改革以前，2/3的国有股和法人股无法通过二级市场进行流通，使得资源配置的功能被大大弱化了。从麦金农金融发展理论来看，中国股票市场在这之前是处于金融抑制的状态中。随着2005年股权分置改革以来，这种金融的扭曲和抑制得到了矫正和缓解。

对股票发行数量的控制是通过审批制和配额制。政府对上市公司资格的两级审批制度，使得股权融资规模被大幅限制，从而也导致了寻租活动的出现。对股票价格的控制是为了防止银行信贷资金转移到股票市场追逐高价股票，也就是防止过多货币资本逐渐从银行中介机构中游离出来进入资本市场转化成虚拟资本。随着审批制度从配额制向注册制的转变，资本市场的发展进入市场化轨道，但是政府干预依然存在，所以股票市场的发展依然任重道远。

二　政府对债券市场的干预

资本市场不仅包括股票市场，还包括债券市场。对于一国的虚拟资本化进程来说，债券市场的发展也具有重要的意义。中国的资本市场发展不协调和不均衡，股票市场的发展比债券市场的发展要好，就债券市场内部来说，国债市场和金融债市场的发展要优于企业债市场的发展。

国家对债券市场的控制不仅包括债券的发行额度、债券的发行条件，还包括对国债和公司债的规模比例的约束。① 为了保障债券市场筹措的资金用于国家发展需要的领域——重点产业、重点企业和重点项目等，在债券市场上主要发行国债，并对企业债券的发展进行限制，能发行企业债券的都是大型国有企业，属于公有制经济主体，因此，这种对所有制的偏向干预导致了中小企业几乎不能通过债券市场发行企业债券。

对债券市场的干预同样也是为了防止银行储蓄资金进入债券市场追逐较高的利息，在压制企业债券发展的情况下造成了企业融资的单一化，在一定程度上也限制了居民对于金融资产的多样化选择。

---

① 杨旭：《中国渐进改革中的金融控制——基于金融史视角》，经济科学出版社2012年版，第99页。

随着金融体制改革的纵深推进以及资本市场的进一步发展，其直接融资的机制也得到进一步完善，这不仅体现在了上市公司的数量增加上，也体现在证券发行机构、交易场所以及配套设施的建设上，同时也表现在资本市场所体现的金融功能（资源配置、风险管理与信息处理）的完善上。

第四节　国债与收入分配

一　国债的虚拟资本属性

在中国经济发展和体制转轨过程中，政府作为威权主义的代表不仅可以干预经济运行和金融发展，从而通过金融发展影响收入分配和收入差距；同时政府作为经济主体，借助于虚拟资本的重要形式——国债发行获得一部分财政收入。为了方便起见，在这里将国债所具有的虚拟资本属性作为自己的代表性属性，以区别于国债作为宏观调控工具的属性。根据马克思对虚拟资本理论的阐述可知，处在虚拟资本化发展阶段中的经济体中，其剩余价值分割或者收入分配是通过虚拟资本的运动和积累完成的。对于中国来说，由于不存在虚拟资本家阶级共同剥削劳动阶级的社会特征，政府通过发行国债的目的也不是剥削居民和劳动者，而是通过这一虚拟资本获得收入改变了政府、企业和居民间货币收入的关系，影响了政府、企业和居民间现在与未来的收入分配格局，也改变了国债持有居民之间的收入分配。从这个意义上来说，国债的虚拟资本属性一方面表明中国处于带有虚拟资本化特征的金融发展阶段；另一方面也正是这一虚拟资本运动和积累，对收入分配格局产生了重要影响。因此，国债的发行以及不同经济主体对其的持有和积累也就是成为收入分配格局发生改变的重要原因之一，这也是国债作为虚拟资本的具体表现形式在中国具有的特殊规定性。

二　国债的运动积累与收入分配

政府发行国债会对收入分配格局产生三个方面的影响：一是在国债作为虚拟资本的发行和流通时期；二是政府通过国债筹措到的财政收入的使用方向；三是政府发行公债后的流通环节对收入分配的影响。在第一种情况下，购买政府国债的主要对象为企业（包括金融企业）以及高中收入者，所以国债的购买减少了国债持有者的可支配收入。通过这一虚拟资本工具在一定时期内改变了居民收入分配格局以及政府、企业和家庭的宏观收入分配结构。反映到城乡结构上来，大型企业以及国有企业（包括金融机构）等法人组织主要集中在城市，高中收入的绝大部分人群也集中在城市，所以也不可避免地影响到城乡收入分配和收入差距。为了便于研究国债运动、积累对收入分配的影响，以一个简单的数学模型来进行分析。

1. 国债的发行和流通与收入分配

关于国债的发行和流通与收入分配格局变化之间的关系分析可以借助于下述模型进行。

假设政府发行的债券 D 的面值为 W，最后付息为 i，政府偿还到期债务的资金来源于税收；假设存在微观经济主体甲和乙，两人同时存在于债券流通市场上，为了方便起见，假设债券的流通过程简单地存在于甲和乙之间，而不考虑交易环节所引发的一系列交易成本比如存在正规的交易所、在中央银行开设的债券交易账户以及支付清算系统等。甲转让给乙该债券，债券的交易价格 P 受市场供求影响。在不同的市场价格下，债券的流通会导致未来纳税人的收入在甲乙之间进行分配，从而导致不同的收入分配格局和引发收入差距。

（1）若 $W<P<W+i$，则未来纳税人的收入中 $P-W$ 的部分转移到甲，而 $W+i-P$ 的部分转移到乙，若 $P-W>W+i-P$，即 $P>W+i/2$，则未来纳税人的收入中的较大部分转移到甲，若 $P-W<W+i-P$，即 $P<W+i/2$，则未来纳税人的收入中的较小部分转移到乙。

（2）若 $P<W$，则乙的收入增量 $W+i-P$ 是指债券价差收入和债券利息收入，其中债券利息收入 i 来自未来纳税人，债券价差收入 $W-P$ 来自甲，即未来纳税人的纳税收入通过政府财政渠道全部被乙获取，从而不仅改变了未来纳税人所纳税收收入的增量部分分配，同时也改变了当前甲乙之间的存量部分分配。

（3）若 $P>W+i$，则甲的收入增量中债券价差收入 $P-(W+i)$ 来自乙，债券利息收入来自未来的纳税人。说明未来纳税人的纳税收入全部被甲获取。拓展到社会不同收入群体之间，国债不限于在两个人之间转移，而是在三个或者更多人群中运动和积累。从宏观角度来看，不同居民群体之间由于国债这一载体而发生收入的转移。

综上所述，在国债或者公债的流通环节，可以清晰地发现债券会影响发债人与持有人之间的收入分配格局，并且影响的程度受到流通环节中的盈亏状态的限制，即 P 与 W 的差额。从宏观角度来看，这种盈亏额可能是非常大的，考虑到债券的杠杆性之后，这种盈亏额会随着债券的杠杆系数呈现更大倍数的放大。

2. 政府所获国债收入的流向

从政府通过国债获得的收入使用来看，主要分为两个部分，一部分是购买性支出，另一部分为转移性支出。由于购买性支出是一种市场交易行为，会发生商品（如生产要素、生产产品以及能源矿产类）和服务的对等换位。因此，对于商品或者服务的提供者来说，他们会通过政府购买增加自身的收入，同时政府购买性支出结构的变化，会导致收入分配结构发生变化。对于转移性支出来说，它是一种收入再分配的机制，因为转移性支出是一种单方面的货币资金转移行为，不涉及市场交易和买卖，它直接增加了被转移对象的可支配收入，改善了他们的收入状况。

3. 国债偿还的收入再分配效应

由于政府对国债的偿还是以现在或者未来的税收收入为基础的，因此在债券的到期之时会使得债券持有者收入增加，以税收偿还国债会形成一种收入再分配机制。

在以下的一图组中，横轴表示不同收入阶层的社会成员，用 R 的右边表示高收入群体的收入，用原点到 R 的左边表示低收入群体的收入，纵轴表示国债持有额以及纳税额，假定纳税额与国债持有额均具有累进性，并且高收入群体对国债持有额高于低收入群体。因此，在两者具有不同累进性的情况下，国债的偿还对收入分配产生不同的影响。下面用三组图分别加以讨论和分析，其中用 D 线表示国债或公债的持有额，用 T 线表示纳税额（见图 4-1、图 4-2、图 4-3）。

（1）当纳税额的累进性与国债的持有额相同的时候，图中表现为 D 线和 T 线重合，政府用纳税人的税收收入偿还国债到期时的本息欠款，不会改变社会各个收入群体的分配格局，如图 4-1 所示。

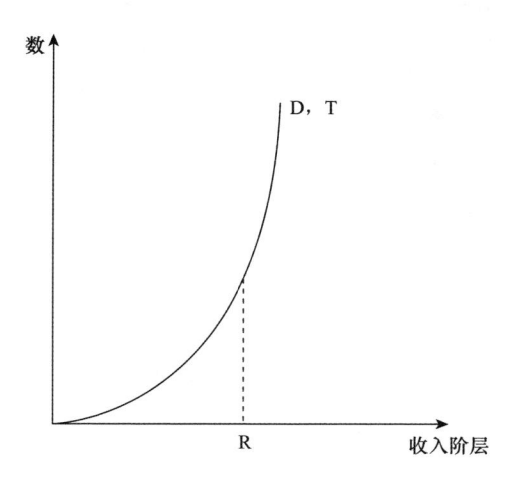

图 4-1　国债偿还与收入再分配（一）

资料来源：笔者自行整理。

（2）当纳税额的累进性低于国债的持有额的时候，图中表现为 D 线比 T 线陡峭，政府用纳税人的纳税收入偿还国债的时候，会使得高收入群体从购买国债中获得偿还额高于其自身缴纳的税额，低收入群体从购买国债中获得偿还额低于其自身缴纳的税额，从而政府在用税收偿还国债的过程导致了收入逆向分配，即用低收入群体的收入去补贴高收入群体，如图 4-2 所示。

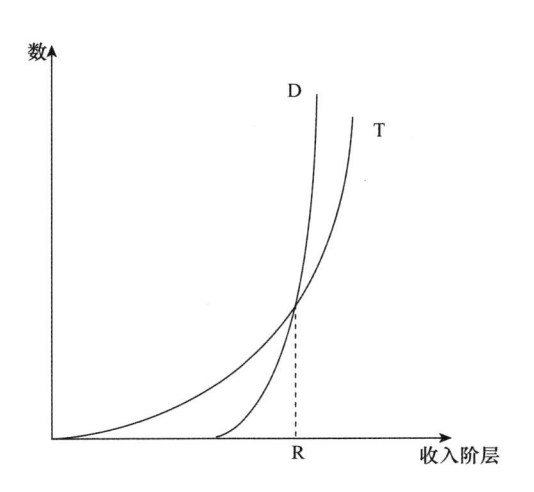

图 4-2　国债偿还与收入再分配（二）

资料来源：笔者自行整理。

（3）当纳税额的累进性低于国债的持有额的时候，图中表现为 T 线比 D 线陡峭，因此政府偿还国债的时候，会使得高收入群体的一部分收入流向低收入群体，从而缩小了高低收入阶层之间的差距，如图 4-3 所示。

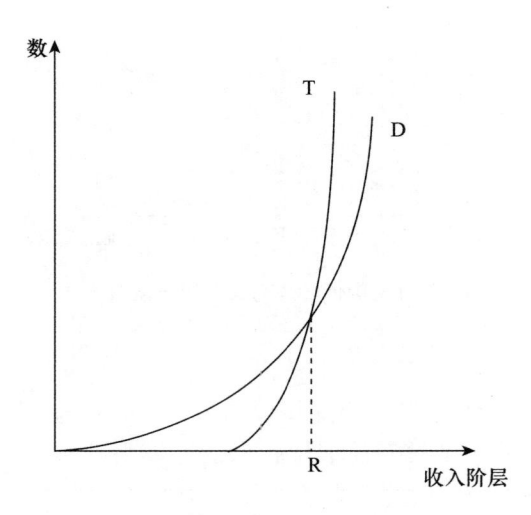

图 4-3　国债偿还与收入再分配（三）

资料来源：笔者自行整理。

第五节　本章小结

在中国改革开放过程中，金融体制改革滞后于实体经济领域体制的改革，政府在金融体制和金融发展中的干预仍然存在，并且政府通过发行国债（作为虚拟资本的一种表现形式）对居民收入分配与再分配产生了重要影响。政府干预有其主观原因和客观原因，对于主观原因导致的干预在今后的金融市场化改革中应逐步消除。政府对金融发展的干预不仅表现在通过存款准备金率、存贷差以及信贷规模干预银行中介机构等间接金融上，也表现在对股票市场、债券市场等虚拟资本市场的直接干预上，并随着金融体制的改革进程发生了变化。

第五章

金融发展产生收入分配差距的机制分析

从本质上来说，金融发展是资金融通机制发育、发展与完善的路径过程，是将储蓄转化为投资的传导中介，作为资金盈余者与资金赤字者之间的资金转换联系平台。金融发展通过金融机构和金融市场的平台作用，一方面使得资金盈余者的可支配收入存在多种储蓄形式或投资形式，从而使得他们闲置的暂时不使用的货币资金有了投资场所，同时也使这部分资金通过金融资本的载体实现保值增值的功能，在很大程度上使得资金盈余者的收入增加；另一方面使得资金赤字者有更多的资金供给来源，以便更好地在面对稀缺的投资机会时能够超越自身的资金约束从外部融资来获得项目投资所需资金，从而也获得除去使用资金成本和其他成本后的收益。从这个意义上来说，金融发展与其说是金融机构和金融市场等金融体系的发展、金融工具和金融服务的拓展、金融功能的完善和金融效率的提升，更不如说是一种产生收入分配和收入差距的机制。现代金融经济学认为，随着经济发展和体制转轨，对金融发展的要求也越来越高。因此，金融发展不仅要在规模上、数量上满足社会经济发展的需要，同时也要求在金融功能上满足不同的需要。所以，从缩小收入差距这个角度上来说，金融发展的意义应该兼顾缓解过高收入差距的公平道德和民生诉求。

承载金融功能的金融产品具有如下的属性：从需求主体上来看，家庭居民与投资者作为经济理性主体，直接参与购买金融工具是一种增加个人财产性收入的行为，同时从整个社会角度来看，不同的金融产品购买者与金融产品供给者之间存在直接的收入分配和再分配机制，从而对收入差距产生一定的影响。居民将剩余的可支配收入以储蓄存款的形式存放在银行中，可以获得稳定的利息收入，而这利息收入的最终提供者是向银行借贷的主体单位。银行体系作为一种金融中介，发挥了收入分配的机制作用。

同样，在资本市场上，发行证券（股票和债券等）的主体与购买证券的主体之间同样存在直接的收入分配作用。需要说明的是，虚拟经济中利息从本质上来源于实体经济部门，因此金融产品的供给者与需求者之间的收入分配格局可能并不存在零和博弈的情况。

另外，除了西方金融经济学理论之外，马克思在分析金融资本以及金融发展理论中指出，从实体经济和产业部门中游离出来货币资本、借贷资本以及虚拟资本等金融资本的运动动机是要获得一定的增殖（马克思称为"幼仔"），而金融资本的增殖收益均来自产业工人所创造的剩余价值。在当前金融体系处在发展阶段的中国，居民通过对储蓄存款、股票和债券等金融产品获得的货币收益和金融产品收益，最终同样是来源于实体经济部门的利润，这也是金融资本利润的最后局限。

银行体系以及资本市场从本质上来说并不能直接创造收入利润和剩余价值，只是将实体经济部门的收入在不同的金融产品持有者之间进行分配，这种分配随着金融发展而呈现动态性的变化。随着资本主义社会的发展，货币资本会通过自身运动游离出来，具有自身独特的增殖性。它既可以与商品资本、生产资本一起进行时间上继起和空间上并存的实体经济内部的运动，也可以脱离于实体经济进入虚拟经济的运动。对于居民来说，有限的货币资金如投入实体经济中，无法形成启动实体经济运转的最低额度的原始资本，并且根据实体经济利润率趋于下降的一般趋势，其增殖程度也较低。因此对于理性的居民来说投入金融资产上是一种在有限约束下的资产选择行为，可以获取相应的增殖。

对于居民来说，将自身的货币资金或者收入以金融资产的形式存在，本身是一种收入分配的过程。以存款的形式存在，在存续期结束时会获得相应的利息。从运动路径上来看，居民的金融资产选择行为是通过资金的借贷完成的，正如借贷资本的运动轨迹一样，将自身货币资金的所有权和使用权相分离，让渡这部分货币资金的使用权，并根据自身流动性的情况选择一定的期限，并通过金融中介的期限转化功能导入资金需求者中，同时在预定期限结束时获得一部分的增殖。因此，从居民持有资产结构来看，主要是以为存款和现金为主。1997—2010年，居民持有的现金和存款从58727.16亿元增加到357580.6亿元，保险准备金从1744亿元增加到51019亿元，债券从504.57亿元增加到6953亿元，这种金融资产结构的差异也可以从图5－1中看出。

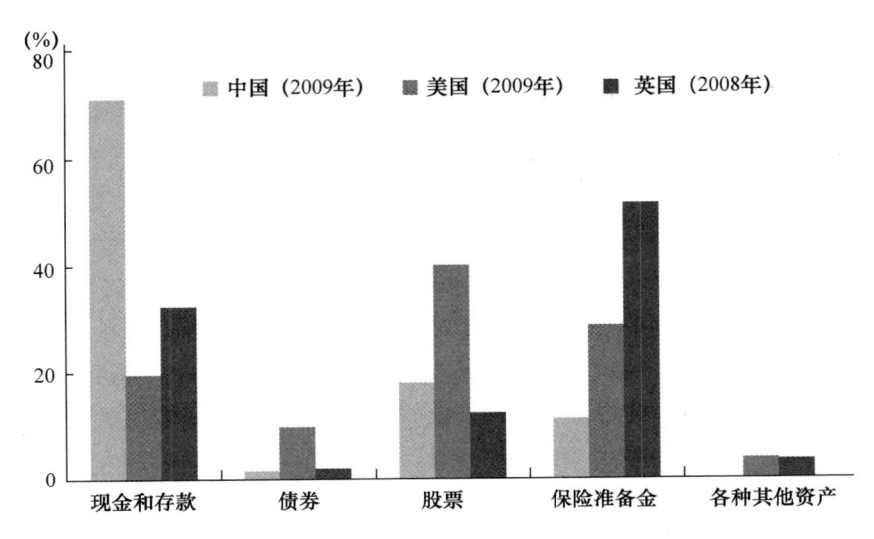

图 5-1 中英美居民家庭金融资产结构对比

资料来源：于雪：《我国居民金融资产的新变化与国际比较研究》，《统计研究》2011 年第 6 期。

此外，国内外不少学者对金融功能的内涵阐述了自己的观点，其中比较有影响的是美国弗吉尼亚大学的经济学教授罗斯·莱文，他从五个方面概括了金融功能，即动员储蓄、资源配置、对公司的监督和控制、管理风险以及便利商品和服务的贸易。[①] 另外，兹维·博迪和罗伯特·C.莫顿在《金融学》一书中提出了金融功能的六个方面，即在时间和空间上转移资源、管理风险、清算和支付结算、储备资源和分割股份、提供信息和解决激励问题。其中激励问题包括逆向选择、道德风险和委托代理问题。他与莱文的主要不同之处在于将信息经济学引入对金融发展的分析，这也是新金融中介理论与旧论之间的主要区别。因此，无论从马克思金融发展理论还是西方金融发展理论来看，最终都是通过金融资本或者金融工具的培育和发展作为物质载体，同时进一步完善金融功能，以更加有效率的方式融通盈余者和赤字者之间的资金关系，并在这一过程中改变了收入分配格局和收入差距。

[①] Ross Levine, "Financial Development and Economic Growth: Views and Agenda", *Journal of Economic Literature*, Vol. 35, No. 2, 1997, pp. 688–726.

第一节　金融发展产生收入差距的直接机制

一　资源配置功能与收入分配

资源配置与收入分配是一枚硬币的正反两面。对于实体经济增长来说，将资源配置到生产过程中，则资源的所有者根据其投入资源的数量以及该资源对经济增长的贡献来获取相应的经济收益，资本所有者按照资本的使用成本获得收益，而劳动者根据其劳动量获得工资。对于金融领域来说，金融的资源配置功能与实体经济类似，不同的是金融领域并不创造实际产品和服务，但它所创造的金融产品和金融工具均可以用来媒介实体资源。金融工具在媒介资源和配置资源的同时，金融产品的购买者（实际资源的所有者）根据金融产品的收益获得相应的收入，金融产品成为实际资源的载体。从另一个角度来说，实际资源的配置与金融工具和金融产品的运动是相互对应的，因此金融的资源配置功能与收入分配也是对应的。

金融功能中的资源配置功能是指金融机构或金融市场通过创造金融工具对资源进行时间上的配置和空间上的配置。时间上的配置是指根据资源现在和未来的收益之间进行权衡而产生的资源转移，空间上的配置是指将资源通过不同的金融工具在不同的储蓄主体（资金盈余者）和投资主体（资金赤字者）进行媒介和联系。资源配置既具有微观意义，又具有宏观意义。对于微观主体来讲，储蓄者利用金融工具将自身的剩余资金进行储蓄，这扩大了社会可利用资金的规模和范围，从而将自身资金变为社会资金。在实现自身的经济激励（以利息、红利、股息等形式表现）的同时，将资源进行了合理的配置。从宏观上来说，金融机构和金融市场根据创造的金融工具将社会资金聚集起来，使得资金能够配置到需要发展的主导产业、新兴产业、支柱产业、基础建设以及民生工程上，这对于促进经济增长和引导就业从而增加居民的收入来说是具有意义的。在这里需要提出的一点是，由于收入差距分为微观差距和宏观差距，作为金融功能之一的资源配置功能也具有微观意义和宏观意义，并与微观收入差距和宏观收入差距相对应。

资源配置有两种金融含义①，在这里可以进一步延伸。假设一个经济体中只有资本 K 和劳动力 L 两种资源，并且劳动力能自由流动。若经济体中的资源配置处于生产可能性边界以内，即图中的 A 点。根据金融的资源配置功能，可以将实体经济资源在不同的方向上进行转移。若将资源配置到 A 点的右上方，则提高了实体经济中资源配置的效率，同时将经济产出拉向生产可能性边界。不同的金融工具和金融产品在配置资源的时候会根据不同的资源媒介配置到不同的领域和方向，那么对于资源的所有者来说，这种媒介方向以及媒介程度的不同则会对收入分配产生重要的影响。若金融的资源配置功能偏重于对劳动力资源的媒介，则会拉动就业，增加劳动者的收入，这样有助于缩小收入差距；若金融的资源配置功能偏重于对货币资金以及资本的媒介，则会扩大收入差距。

上述情况不考虑金融媒介的信用创造手段，停留在一种静态的或存量意义上的分析。若考虑到金融媒介二倍用创造手段，则金融媒介会配置更多的社会资源，使经济体中的生产可能性边界向远离原点的方向拓展，从而增强了经济增长的能力。若经济中的产业结构主要是资本密集型产业，则通过金融工具不仅将存量意义上的货币资金和资本进行媒介，同时也对增量意义上即创造的信用货币进行媒介，在这种情况下，持有更多金融资产的居民的财产性收入会在金融风险处于可控的状态下得到提高，另外，经济增长导致就业机会增加，也促进了居民工资性收入增长。并且，财产性收入增加的程度大于工资性收入增加的程度；若经济中的产业结构主要是以劳动密集型产业为主的话，则不论是增量还是存量意义上的信用带来的金融媒介导致经济增长拉动更多就业机会，增加居民工资性收入，从而缓解居民收入间的不平等。

二 信息处理功能与收入分配

在市场经济中，投资者基于自身利益最大化的考量，会将自己的现金、财富或者收入进行投资，以期在流动性、收益性和风险性中寻求均衡，获得一定的资产收益。但是现实环境存在信息上的不确定性（这种不确定性包括信息的不完善和不对称），导致理性的投资人很难将自身有限的财富或者收入导入到信息充分的可投资领域，投资人对所期望的项目

---

① 王锦慧：《开放条件下的金融效率与经济增长》，经济科学出版社 2011 年版，第 58 页。

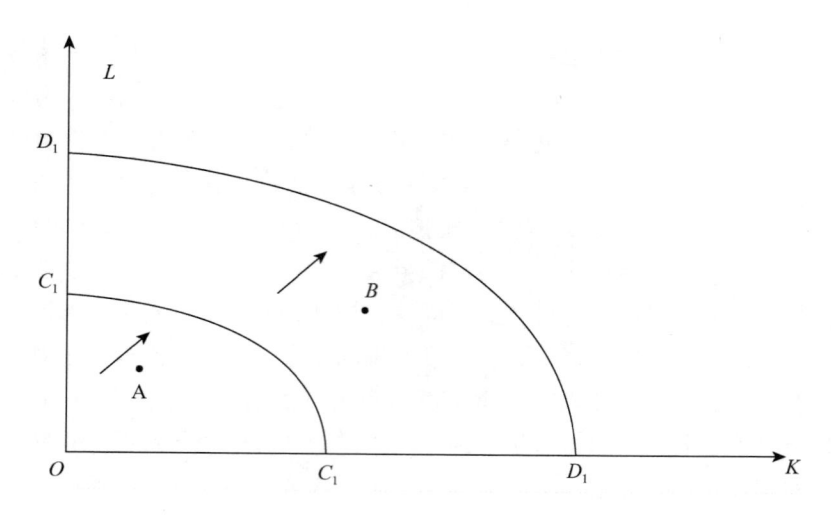

图 5-2　金融媒介、信用创造与资源优化配置

资料来源：笔者自制。

资金规模以及投资收益率必须进行评估，同时对相关联的经济信息如企业、市场形势、宏观基本面等也需要进行分析和判断，但这些信息的获得并不是免费的，因此投资者在进行资产组合存在很高的固定成本，包括搜寻信息的成本、处理加工信息（信息过滤）的成本以及与他人进行金融产品交易的交易成本，即无形中增加了投资者对资产进行增值保值的成本。另外，由于信息是一种公共产品，若某一个投资者花较多的时间和精力进行信息搜寻和处理，经过处理的不含白噪声的信息很容易被他人利用，出现"搭便车"这一成本收益不对称的现象，进而导致投资者在搜寻和处理信息的时候出现激励不足的现象。另外，单个投资者即便可以完成所有关于信息的工作，也无法获得规模经济效应，对每一次的投资项目都必须重复计算成本支出，这对投资者的投资收益是一种折扣。

而金融体系的出现，作为储蓄—投资转化的一种载体，在社会分工的背景下将投资信息发现、信息处理和信息发布转变成为一种专业化的职能，使得大量的信息处理会带来规模经济功效，从而会降低信息处理的成本。同时金融体系作为一种社会性机构，在处理信息这类公共产品的时候不会出现个体和社会成本收益不对称的问题，提高了储蓄向投资转化的效率和质量。金融机构的业务活动相当广泛，涉及不同的行业和部门，也涉及不同的投资项目，通过每次业务掌握了大量的信息，其中关于市场形势和宏观基本面分析的信息是普适信息,对很多投资项目都很实用,这是其规模经济效应的一个方面。另外,针对不同项目的具体信息,由于金融机构与这些公司具有较多的业务来往,对它们的属性、资本结构、财务结构、公司治理以及盈利状况等具有一定的了解。同时,金融机构具有一套科学的评估方法和机制,对所获取的信息进行处理并能大体预测投资项目的成本收益情况,使得投资者能根据自身的实际情况进行投资。至于金融市场,鉴于市场中的信息可以通过股票和债券的价格表现出来,市场机制的完善与否以及带来的信息处理成本会改变投资者的预期利润,从而影响投资的收入增加。

三 风险分散功能与收入分配

博迪和莫顿认为风险管理是"确定减少风险成本收益和权衡方案和决定采取的行动计划(它包括决定不采取任何行动)的过程"。[①] 在现实经济中,不确定性的存在使得理性的经济人无法对现实做出准确的判定,在面对储蓄机会和投资机会时会由不确定性带来的风险而不能实现自身收入的最优化。

金融体系的风险分散功能是指金融体系通过将经济和金融的风险进行时间和空间上的配置,从而达到风险分散的目的,具体是指将风险配给到不同的投资者,让他们根据自身投资项目的预期收益来承担,如果这些投资者的项目收益(即投资收益率)不足以支付他们的贷款利率,就会将风险配给到其他的投资者。因此,风险分散的功能使得居民基于最大化自身利益的考量进行储蓄,一方面通过金融中介的存款利息等形式获得一定的固定收益;另一方面更重要的是使得自身的金融资产组合多样化,不仅可以以高风险、高收益的资产形式进行储蓄,而且可以通过资产组合的多样化将自身的金融风险降到最小。

金融风险分为流动性风险和特异性风险。流动性风险是指将其他金融资产在需要时转化为流动性或者购买力时所面对的不确定性。流动性风险来源于储蓄者与投资者之间的差异化的利益考量和行为模式。储蓄者作为具有资金所有权的一方,在让渡资金使用权的时候预期的期限与投资者并

---

① [美]兹维·博迪、罗伯特·C. 莫顿:《金融学》,伊志宏等译,中国人民大学出版社2007年版,第248—249页。

不总是一致的，储蓄者希望选择短期的高流动性低收益资产，虽然长期的资产收益较高，在外生经济冲击下会面临流动性风险，故阿罗—德布鲁的状态依存证券无法有效地发挥应有的保险作用。金融发展的要旨在于金融体系必须激励储蓄者的长期储蓄，解决储蓄者与投资者之间的期限转化和规模转化问题，并且在保证流动性需求的前提下适时满足储蓄者获得应有的收益，而且长期收益要高于短期储蓄，这是储蓄的直接收益效应；另外，长期储蓄通过金融机构和金融市场的储蓄—投资转化机制变成长期的投资资金来源，这些对经济增长是具有重要意义的，经济增长为储蓄者增加了就业机会和福利增进，这是储蓄的间接收益效应。这种风险在金融中介面临居民存款挤兑时则会出现银行流动性危机，进而转变为其他形式的危机。金融机构根据大数法则，通过对居民流动性需求做出一个科学的判断，将居民储蓄存款的一部分以现金或者变现能力较强的金融资产的形式存在，使得金融机构拥有一定的流动性来应对居民对存款计提的临时需要。

Allen 和 Santomero[①]提出了金融体系的两种风险分散机制，并且与风险分散功能的时空观相对应。一种是金融机构"跨期平滑"的风险分散机制，根据不同金融资产的不同期限结构将其进行跨期配置，一方面是为了保证金融资产的保值增值；另一方面防止经济环境的不确定性，比如实体经济中产品或者要素价格的冲击以及金融资产价格的过度波动而造成风险累积超过金融机构的承受能力和应付能力，另一种是针对金融市场的横向风险分散机制，这种机制通过金融市场将储蓄者（资金盈余者）和投资者（资金赤字者）直接联系起来，通过将风险配给到不同的投资者中，从而保证了金融市场的稳定，同时也使得储蓄者面临的风险达到最小。

从上述对金融功能与收入增加、收入分配的关系分析可知，金融发展的重要特征之一是金融功能的进一步完善，也就是资源配置功能、信息处理功能和风险管理功能的完善，以便使得金融功能的发挥对收入分配产生正向的影响。

---

① Franklin Allen and Anthony M. Santomero, "Why do Financial Intermediaries do", *Journal of Banking & Finance*, Vol. 25, No. 2, 2001, pp. 271 – 294.

第二节 金融发展稳定性对收入差距的作用机制

金融发展的稳定性是针对金融脆弱性而言的，对于金融发展的路径和模式起到关键的作用，不仅有助于金融产品的创新，而且有助于虚拟资本虚拟的二次方、三次方，更重要的是金融发展的稳定性在一定程度上影响了居民的收入及其分配问题，这主要表现在如下几方面。

1. 金融发展不稳定首先会导致金融本身的运行停滞或紊乱，使得金融产品和金融服务的价格出现波动。而信贷波动与金融产品和服务的价格波动并不成比例，即金融服务和金融产品的可获得性会出现问题。由于投资利率依赖于金融服务和金融产品的可获得性，金融发展的不稳定性会导致利率和投资收益率的不稳定，因此导致经济运行出现紊乱以及经济产出的下降。

2. 金融不稳定导致了对劳动力需求的下降，而"劳动力窖藏"在一定程度上会恶化这种现状。企业根据自身利益最大化来调整劳动力需求策略，在危机来临时候，企业会将那些可以解雇但具有技能的劳动力窖藏起来，而对那些没有技能的劳动力进行解雇，而这些没有技能的劳动力一般是穷人。在主观生产条件和客观生产条件分布不平等的情况，那些处于生产条件弱势的穷人主要是靠体力劳动获得收入，资产和资本收入较小，金融发展的不稳定会对他们产生了不利的收入冲击，而穷人缺乏其他的收入来缓冲这种冲击。另外，由于在获得信贷或者其他融资途径缺乏的情况下，也不可能借助银行中介机构和资本市场获得金融服务以平滑这种冲击，这就使得金融发展的不稳定性对穷人的冲击大于富人，从而恶化了收入差距。①

3. 金融发展不稳定的最终结果会酿成金融危机，此时居民容易遭受到没有预料到的银行关闭和支付体系瘫痪带来的困境，由于银行关闭导致的存款冻结陷入不能保障他们流动性时，银行体系的健康环境以及麦金农

---

① Marina C. Halac and Sergio L. Schmukler, "Distributional Effects of Crises: The Role of Financial Transfers", World Bank Policy Research Working Paper, No. 3173, 2004.

意义下的导管效应也就随之不存在了。① 金融危机通过通货膨胀影响穷人的收入、财富以及工资。由于穷人的资产结构较为单一，将自身有限的剩余可支配收入或者财富大部分以现金的形式进行储蓄，而通货膨胀会对现金的持有者产生不利的影响，即相当于对他们征收了货币税，与此同时，名义工资并未随着价格指数作相应的调整，即便有工资收入指数化政策，也很难及时调整，这就导致了通胀对穷人的第二次冲击。富人的资产结构较为多样化，拥有资本收入、工资性收入以及其他金融资产收入等，这些收入随着价格指数的变化会迅速调整，导致富人收入受危机冲击较小。金融危机可以导致通过实际工资的下降导致价格的相对变化，货币贬值会导致进口品的价格上升，而消费者会根据自身的预算约束转向国内食品，进而推高国内食品的价格。根据恩格尔定律可知，穷人在进行必要的消费支出后，使得原本不多的可支配收入变得更少。在金融危机发生的同时，政府对公共支出的缩减严重地影响了穷人家庭，因为对穷人的现金转移支付缩减，同时对社会服务的供给也在缩减。在拉丁美洲的 20 场金融危机中，贫困率以及基尼系数均上升了。1997—1998 年的东亚金融危机，对穷人也有较大的负面冲击。在印尼，贫困发生率从 1996 年的 11% 上升到 1999 年的 18%，等等。

4. 在发生经济危机和金融危机的时候，富人拥有较多的财富和资源，有实力对政策决策者等官员进行游说和贿赂，以此改变政策制定者的决策，从而使得出台的经济政策和措施朝着对富人有利的方向，尽管这有可能以牺牲经济增长和其他人的利益为代价，但可使富人减少进一步损失。

5. 金融危机通过金融转移（Financial Transfer）影响收入分配。当金融危机爆发的时候，解决危机的财政成本暗示了在金融部门内部从非参与者向参与者转移，即包括存款者、贷款者和金融机构。更有甚者，金融部门内部只有一些有威望的人才获得这个转移资源。因此，金融危机中的金融转移会倾向于扩大收入差距，恶化收入分配格局。例如，一些拉丁美洲国家（如 1981—1983 年的智利、1994—1995 年的墨西哥、1998—2000 年的厄瓜多尔、2001—2002 年的阿根廷以及 2002 年的乌拉圭）在金融危机

---

① Sylviane Guillaumont Jeanneney and Kangni Kpodar, "Financial Development and Poverty Reduction: Can There be a Benefit without a Cost", *The Journal of Development Studies*, Vol. 47, No. 1, 2011, pp. 143 – 163.

时通过政府救市导致了金融转移，并在这一过程中提高了收入差距。

第三节 金融发展产生收入差距的间接机制

一 金融发展通过客观生产条件产生收入差距

通过对马克思金融发展的理论分析可以看出，借贷资本家、银行资本家和虚拟资本家等金融资本家与实体经济领域的产业资本家和商业资本家共同对工人阶级的剩余价值进行分割，从而形成了这些阶层之间的收入分配格局。此外，在《马克思恩格斯选集》（第3卷）中，马克思将生产条件大体上分为客观生产条件和主观生产条件，客观生产条件主要是从生产资料上定义的，具体指劳动工具和劳动对象等物质资本，而主观生产条件主要是指劳动力中的人力资本而言的，维持劳动力的再生产是保证生产过程连续不断地进行下去的必要条件，其最小值是 V + M 中的 V 所代表的劳动力价值。

当金融资本发展到一定程度的时候，由于信用的出现，产业资本家通过商业信用和银行信用加杠杆能够使用超过自身资本积累边界和约束，同时也导致股份公司的出现，"个别资本不可能建立的企业出现了"，"以前曾经是政府企业的那些企业，变成了社会的企业"，[1] 从而使得产业资本家更有效地使用社会资本，扩大了客观生产条件的生产规模和再生产规模。股票和债券等金融资本的出现和普及，导致普通企业或者产业资本家可以通过各种信用形式（对于政府来说，可以利用国家信用或主权信用筹集超越自身局限的资本存量），从而通过扩大生产经营规模，进一步加大对工人剩余价值的剥削。马克思认为，良好的信用是市场经济、信用经济的基石，这也是马克思论述"一个人实际拥有的或公众认为他拥有的资本本身，只是成为信用这个上层建筑的基础"的原因所在。[2]

建立在信用制度基础上的金融资本的运动和积累，使得金融资本家能够使用和控制更多的客观生产条件，比如机器设备、厂房、燃料、原料等购买通过金融资本的运动和积累实现，进而在以客观生产条件为载体的基础上剥削工人阶级剩余价值的方法来发财致富，使得金融资本获得最纯

---

[1] 马克思、恩格斯：《马克思恩格斯文集（第7卷）》，人民出版社2009年版，第494页。
[2] 同上书，第498页。

粹、最具欺诈性和拜物教的属性，完全脱离了生产过程和实体领域，却在宏观收入分配中占有较大的比重，同时导致具有垄断地位的寡头金融资本家的人数越来越少，无产阶级的人数越来越多。

当前处于社会主义市场经济体制转型中的中国，其经济运行图景已经不同于马克思描述的自由竞争时期的资本主义社会，但通过金融资本扩大企业的客观生产条件，从而改变所在企业员工的收入在本质上具有异曲同工之意。由于国有企业和大型企业在资本市场上通过信用发行大量的股票和债券，从而获得了企业客观生产条件规模扩大所需的资金。由于中国的经济结构具有多样化的特征，金融资本通过扩大客观生产条件进而影响收入差距又具有其自身独特的地方。

从区域结构来看，对于东、中、西部来说，由于市场经济体制的推进程度不平衡，金融发展也出现了不平衡的局面。在东部的企业由于具有金融先行发展的优势，能比较方便、快捷、有效地为实体企业提供良好的融资服务，从而进一步促进了东部经济的发展，提高了当地的人均可支配收入。而对于中西部来说，由于金融发展较之于东部滞后，中西部的企业在扩大生产规模所需资金的满足程度不如东部地区，这就导致了居民的工资性收入增加较少。因此，金融发展的不同程度成为地区之间企业客观生产条件不同的一个重要原因，继而导致了居民收入差距的不同，尤其是在工资性收入差距的体现上。

从城乡二元结构来看，由于城市主要集中了大型企业，客观生产条件较之于农村好。同时，地处城市的企业与地处农村的企业或其他农业经营主体在融资方面上处于不同的地位，具有不同的市场力量，在与金融中介机构的博弈中比农村企业具有较好的谈判力量，从而获得较多的资金支持，更加有实力充实自身的客观生产条件，并进一步拉开了与农村企业的差距。随着城市企业的快速发展，城乡企业之间的差距越来越大，这就导致了在城市企业工作的居民获得较高的工资性收入，从而扩大了城乡居民的收入差距。

从所有制的结构来看，由于国有企业一般为国家支持的大中型企业，而非国有企业作为国有经济的重要补充，虽然在经营机制上比较灵活，但是生产经营规模以及客观生产条件比国有企业差。因此，国有企业员工收入一般来说比非国有企业的员工的工资性收入高，同时国有企业又承载了社会福利和社会保障的任务，在与民营企业拉开工资性收入差距的同时，又通过社会福利和保障等隐性收入的方式进一步拉开了收入差距。

因此，无论是从区域结构、城乡二元结构还是所有制结构来看，居民收入差距在宏观维度上的表现最终都通过个人之间的收入差距体现出来，可以判定，由于金融发展在不同经济结构上的差异，实体领域内企业的客观生产条件的不一致，继而导致了在该企业工作的工人获得了不同的工资性收入，从而带来了居民间收入差距，影响了收入分配公平目标的实现。

二 金融发展通过主观生产条件产生收入差距

1. 金融发展通过主观生产条件影响收入差距的机制分析

根据马克思在《资本论》(第1卷)中的论述可知，劳动力具有价值和使用价值，不同居民的劳动力价值是不同的，即维持劳动力再生产的费用是不同的，这也就是说投资在主观生产条件上的成本也是不同的。不同经济结构下，劳动力价值存在结构上的差异，这就直接导致了主观生产条件不仅存在规模上的差距，而且存在质量上的差距，从而使得不同居民因为主观生产条件不同在收入分配的蛋糕中获取不同的份额，拉开了居民间的收入差距。

除了马克思金融发展理论对通过主观生产条件影响收入差距进行阐述外，其他西方学者也有类似的分析。Jacoby[1]发现佩鲁穷人之所以贫穷的原因之一在于缺乏信贷服务，使得他们没有信贷资金对孩子教育进行合理的投资。Skoufias[2]发现印度村庄的家庭由于不能获得信贷市场的支持，以至于不得不在面对临时性不利的外部冲击时减少孩子的教育。Dehejia和Gatti[3]发现童工比例很高的国家其金融体系运行较差。Rajan和Zingales[4]指出了金融体系的发展更有可能让富人和有关系的人 (well connected) 受益。不仅因为他们有足够的财富来提供担保品，而且因为这些

---

[1] Hanan G. Jacoby, "Borrowing Constraints and Progress through School: Evidence from Peru", *Review of Economics and Statistics*, Vol. 76, No. 1, 1994, pp. 151 – 160.

[2] Hanan G. Jacoby and Emmanuel Skoufias, "Risk, Financial Markets, and Human Capital in a Developing Country", *Review of Economic Studies*, Vol. 64, No. 3, 1997, pp. 311 – 335.

[3] Dehejia, R. and R. Gatti, "Child Labor: The Role of Income Variability and Credit Constraints Across Countries", NBER Working Paper, No. 9018, 2003.

[4] John A. Sondey, "Saving Capitalism from the Capitalists: Unleashing the Power of Financial Markets to Create Wealth and Spread Opportunity", *Journal of Politics*, Vol. 2, 2003, pp. 315 – 226.

富人能够阻止小企业为穷人提供信贷以改进他们福利的目标。因此，这些穷人被排除在金融体系以外（即"金融排斥"），以至于不能对人力资本和实物资本进行投资。

由于城市存在金融深化和农村存在金融抑制二元分离的结构现象，金融机构和金融市场的发展具有严重的偏向城市的特点，金融机构（如信贷服务和储蓄服务）对城市和农村居民提供服务时候设置了不同的服务门槛或其他隐性门槛，出现了信贷结构上的差异，信贷资金偏向于城市较多，导致农村居民在进行客观生产条件的投资上或者说维持劳动力再生产方面出现融资约束，阻碍了人力资本或主观生产条件的正常形成，从而拉开了城乡收入差距。

2. 数理模型分析

根据上述理论分析可知，城乡二元金融结构导致了城乡居民在主观生产条件上进行投资所面对的融资约束不同，进而导致客观生产条件在城乡居民中出现了差距，最后通过居民个体的收入差距体现出来。为了进一步阐述这个问题，借鉴 Ranjan[①] 的数理模型进行分析。

（1）模型假设

假设经济体中只生产两种最终产品，其中城市主要生产高技能产品，农村主要生产低技能产品，分别记为 H 和 L，需要用到两种生产要素，即技能型的劳动力 S（即城市居民劳动力）和非技能型的劳动力 U（农村居民劳动力），两种最终产品均使用两种生产要素，并且生产函数满足规模收益为常数的技术条件，H 是高技能产品，相对于低技能产品 L 来说，需要使用更多的技术。生产函数给定如下：

$$H = A^h F^h(S_h, U_h) \tag{5-1}$$

$$L = A^l F^l(S_l, U_l) \tag{5-2}$$

在函数（5-1）和（5-2）中，A^h 和 A^l 是生产力参数，表示有偏差的技术变化。要素供给是内生的，通过个人的职业选择决定。假定在一个小型的开放经济中，产品价格是给定的。高技能产品的价格记为 p，有效单位技能的工资为 w_s，非技能工资为 w_l，令生产结构是给定的，产品价格固定在相对要素价格上：

---

① Priya Ranjan, "Dynamic Evolution of Income Distribution and Credit-Constrained Human Capital Investment in Open Economies", *Journal of International Economics*, Vol. 55, 2001, pp. 329–358.

$$w = w_s/w_l \qquad (5-3)$$

教育部门模型是用来表示技能（表示客观生产条件）的生产过程，学生数量记为 S，在教育部门教育学生的技能人员记为 S_E，有：

$$S = QS_E \qquad (5-4)$$

Q 表示教育部门的生产参数，每单位学生的教育成本支出为 qw_s，$q = 1/Q$ 在时期 t 的学生通过教育在时期 t+1 变成技能工作者，在有效单位中技能工作者数量为 $\bar{S}$，在教育部门（S_E）和生产部门（$S_h + S_l$）之间进行分配：

$$\bar{S} = S_h + S_l + S_E \qquad (5-5)$$

城乡个人获得所需的主观生产条件（人力资本存量或者技能）是通过受教育和个人出生时候的天赋才能。所以可以假定所需技能的数量与教育投入无关，这是为了简化分析，同时也有文献表明关于教育投入和学生表现的关系的实证分析并不是确凿的。

城乡个人生活有两个时期，人口规模被标准化的测度记为 1，没有人口增长。个人出生时候的天赋才能 $a_i \in [\underline{a},\bar{a}]$，$\sigma_i \in [\underline{\sigma},\bar{\sigma}]$，$\sigma_i$ 可以被视为个人通过学校获得人力资本的有效单位。拥有 σ_i 单位的技能型个人的劳动收入是 $\sigma_i w_s$，才能的分布函数为 $F(\sigma)$，相应密度函数为 $f(\sigma)$，天赋的分布演化是内生的。在第一时期，个人可以选择去学校受教育培养技能，也可以选择去当一个非技能型的工作者，选择去学校必须支付的教育成本是 qw_s，并且在第二时期成为一个技能型的工作者。为了简化起见，假定所有的消费发生仅发生在第二时期（第一时期的消费会导致借款约束更加严重，因为个人可能想通过借款平滑消费。模型的结论与第一时期消费在定性上是相似的）。

非技能工作者在第一时期将所得的工资和天赋进行储蓄，每个人均在第二时期有一个小孩。所有的父母在他们的生命的第二时期进行工作，同时，一些孩子在他们生命的第一时期选择当非技能工作者或者学生，父母留给他们遗赠。

在时期 t，年轻人从他们的父母那显获得 a_t 的遗赠财富，因此效用函数如下：

$$V = C^\beta a^{1-\beta} \qquad (5-6)$$

$$C = C_h^\theta C_l^{1-\theta} \qquad (5-7)$$

其中 C_h 表示高技能产品的消费，C_l 表示低技能产品的消费。这种效用函数的设定使得间接效用对收入是线性的。期望效用对收入也是线性的。(这种方式处理使信贷不完全的分析变得相对简单。)

假设市场利率为 r，非技能个人和技能个人在他们生命的第二时期可以写作：

$$y_u = (2 + r)w_l + (1 + r)a \quad (5-8)$$

$$y_s = \sigma w_s + (1 + r)(a - qw_s) \quad (5-9)$$

(2) 模型分析

首先，假设信贷市场是完美的，则个人可以选择通过学习去获得技能，因为可通过借款来支付教育成本，也可以选择去当非技能型工人，这仅仅依赖于自身的能力，而不受其他条件的约束。

对于任意给定的 r、w_s 和 w_l，一生中的效用来自成为技能型个人，拥有天赋 a_i 和才能 σ_i：

$$V_s^i = C^0[\sigma_i w_s + (1 + r)(a - qw_s)] \quad (5-10)$$

其中 C^0 是依赖于效用函数参数和产品价格比率 p 的一个常数，同样地，非技能型个人一生中的效用函数可以表示成：

$$V_U^i = C^0 \times [w_l + (1 + r)(a_i + w_l)] \quad (5-11)$$

在均衡时候，技能型个人与非技能型个人之间 $V_s^i = V_l^i$，暗示了能力水平有一个门槛效应：

$$\sigma^* = [(2 + r)w_l + (1 + r)qw_s]/w_s \quad (5-12)$$

对于所有个人来说，只有 $\sigma_i > \sigma^*$ 时，通过学校教育投资于人力资本，其他的人仍然是非技能型。

其次，假设信贷市场是不完美因素。先对利率做出如下假设：由于国际资本流动是自由的，在一个小型开放经济体中，个人可以在世界利率 r 上借到任何资金。在这里将信贷市场的不完美的特征定为一个借款者可能对债务食言。借款者成功躲避债务的概率为 π，在这种情况下他消费他整个第二十时期的技能工资 σw_s，借款者被抓的概率为 $1 - \pi$，在这种情况下他的第二时期的收入被贷款者取走。则食言产生了一个预期的回报为 $\pi C^0 \sigma w_s$，偿还债务时候的回报为 $C^0[\sigma w_s - (1 + r)(qw_s - a)]$。

因此贷款者放贷须满足如下条件：

$$C^0[\sigma w_s - (1 + r)(qw_s - a)] \geq \pi C^0 \sigma w_s \quad (5-13)$$

$$a^*(\sigma) = qw_s - [(1 - \pi)/(1 + r)]\sigma w_s \quad (5-14)$$

其中，方程（5-13）暗示了对每一能力的财富的门槛值。

方程（5-14）也可以表示成为：

$$\hat{\sigma}(a) = [(1+r)(qw_s - a)]/[(1-\pi)w_s] = (1+r)q/(1-\pi) - (1+r)a/(1-\pi)w_s \quad (5-15)$$

即表明对于每一个人的才能而言，那些 $a < a^*(\sigma)$ 的个人并不能借到足够的资金对人力资本进行投资，而那些 $\sigma > \sigma^*$ 和 $a < a^*(\sigma)$ 在信贷市场中是配给的，表明他们将会对人力资本进行投资，但是不能完全借到人力资本所需要的资金额度。因此，在这个模型中参数 π 衡量了信贷市场不完美的程度。$\pi = 0$ 表示最优的情况，表明借款约束不能发生效应，即不存在借款约束。从方程（5-12）中对于 $\sigma > \sigma^*$，有 $\sigma > (1+r)q$。若 $\pi = 0$，则在方程（5-14）中可以看出 $a^*(\sigma) < 0$。因此，π 值越大，表明个人能借到资金额度越小，因此借贷约束越严重。极端地，$\pi = 1$，借款者无法借到任何资金，教育支出完全依赖于自我融资。

从方程（5-14）中可以看出，抵押品的门槛水平在个人能力中函数为负，暗示了个人的能力越高，他越不可能受到信贷的约束。该方程中的财富门槛水平是教育成本支出与个人能借到的资金额度的差额。教育支出与个人的能力不相关，然后个人能借到的资金额度与他的能力呈正相关。更进一步，方程（5-15）揭示了那些有钱人（拥有高的 a）不大可能受到信贷配给，因为对他们来说 $\hat{\sigma}$ 较低。

方程（5-12）和方程（5-15）一起揭示了在信贷市场不完善的条件下，只有那些 $\sigma > \max\{\hat{\sigma}(a), \sigma^*\}$ 的有钱人可以投资人力资本，而其他人仍然处在非技能的状态中。

考虑一个家庭收入在长期的演化，财富的概率分布收敛到一个独特的稳态分布，稳态分布可以解释为财富分布的稳状态，因为所有的家庭财富过程是独立同分布的。因为有一个连续的谱系。使用单调的马尔科夫过程的收敛结果。

$$a_{t+1} = b(a_t + \sigma_t) \quad (5-16)$$

若 $\sigma < \max\{\hat{\sigma}(a), \sigma^*\}$ 则 $b^u(a) = (1-\beta)[(1+r)a + (2+r)w_l]$
$$\quad (5-17)$$

若 $\sigma \geq \max\{\hat{\sigma}(a), \sigma^*\}$ 则 $b^s(a, \sigma) = (1-\beta)[\sigma w_s + (1+r)(a - qw_s)]$
$$\quad (5-18)$$

其中 u 和 s 分别表示非技能父母和技能父母，则上述两个函数表示遗赠函数。

非技能型父母的遗赠并不依赖于他们的能力水平，以 $\bar{a}$ 和 $\underline{a}$ 分别表示最高和最低的稳定财富水平，则

$$\bar{a} = [(1-\beta)(\bar{\sigma}w_s - (1+r)qw_s)]/[1-(1\beta)(1+r)] \quad (5-19)$$

$$\underline{a} = [(1-\beta)(2+r)w_l]/[1-(1-\beta)(1+r)] \quad (5-20)$$

其中，$\bar{a}$ 和 $\underline{a}$ 是非负，并且假定 $(1-\beta)(1+r) < 1$，由于个人的能力水平 σ^* 在技能和非技能之间，拥有 σ^* 技能型个人的劳动收入（除去教育支出）等于非技能型的劳动支出，即

$$\sigma^* w_s - (1+r)qw_s = (2+r)w_l \quad (5-21)$$

因此方程（5-20）可以再表成：

$$\underline{a} = [(1-\beta)(\sigma^* w_s - (1+r)qw_s)]/[1-(1-\beta)(1+r)]$$

$$(5-22)$$

令 $a^*\dot{\sigma} = \underline{a}$ 或者 $\dot{\sigma}(\underline{a}) = \dot{\sigma}$，若假定 $\underline{\sigma} < \sigma^* < \dot{\sigma} < \bar{\sigma}$，$\dot{\sigma} < \bar{\sigma}$ 保证了那些生来具有最高能力的人总能够寻到投资人力资本的方法，而不管他们生来如何贫穷。这种条件提供了代际流动的机制。如果不能满足这个条件的话，那么模型中将会出现贫困陷阱：一旦个人在某一代是非技能的，那么他的后代将会继续非技能。因为，人的一个随机能力冲击，每个人都有可能成为非技能，总的来说也会成为非技能，并且财富分布的稳态集中于一个单点 $\underline{a}$ 上。$\sigma^* < \dot{\sigma}$ 保证了借贷约束至少对一些人是有效的。

从上述数理模型中可以看出，由于城乡金融发展存在差异，城乡居民在为自身的主观生产条件投资进行融资时候面临的约束不同，即城市居民在融资方面存在较小的约束，进而能获得比农村居民劳动力更好的主观生产条件，从而获得较高的工资性收入，拉开了城乡收入差距。更有，城乡居民财富、收入之间的差距会通过下一代继承下去，产生了代际间的持续性收入差距。因此，完善农村金融体系，对农民提供必需的金融服务，可以改善农民的主观生产条件，进而缩小城乡居民间当代和代际间的收入差距。

第四节　本章小结

本章研究了金融发展导致收入差距的直接作用机制和间接作用机制。

从直接效应上来说，由于金融发展不仅在规模上（金融资本或者金融工具）而且在金融功能上产生了收入分配效应，从金融产品的资源配置功能、信息处理功能以及风险管理功能上论述了与收入分配的关系。另外，金融发展的稳定性也在一定程度上改善了收入分配格局。如果金融发展稳定，在原有金融发展的路径上会缩小收入差距，若金融发展不稳定，出现了金融脆弱性或者货币危机、银行危机或者金融危机的情况，则会恶化宏观收入分配格局和扩大收入差距。从间接效应上来说，具备不同实力的企业在金融发展中筹措的资金是不一样的，具有较好实力的企业在扩大客观生产条件上具有融资优势，从而导致了该企业的工人获得较高的工资性收入。另外，从个人来说，由于富人比穷人具有较多的融资优势，从而在主观生产条件（人力资本或者教育）的投资规模上比穷人更大，由此拉开了主观生产条件不同带来的收入差距。

第六章

货币资本化与收入分配差距的实证检验

根据马克思的观点,货币资本运动和积累的出发点是获取一定的增殖利润,而货币资本的逐利性带来了以银行中介机构为代表的货币资本运动载体及其业务的扩张。在中国的金融发展路径中,间接金融尤其是银行中介机构的发展具有典型的代表性,在融资体系中占据较大的比重,银行中介机构的发展具有自身的变迁路径,形成了银行主导型的金融体系。

这种金融模式的形成背景一方面是中国的经济体制改革,另一方面是中国的经济增长和发展,而这两者在过去的四十余年中有机地结合在一起,创造了在承担最小改革成本下经济高速发展的"中国奇迹",无论它是不是一种经济发展模式,它都形成了对传统的以私有化、自由化和市场化为特征的华盛顿共识的彻底冲击,但不可否认的是在中国经济改革的过程中,改革的非均衡性(既包括空间上的不平衡性即东中西部非均衡发展,又包括时间上的非均衡性即所有的经济体制改革并不是同时启动)非但没有成为一种后发劣势,反而成为一种持续性的后发优势。金融体制改革滞后于实体经济体制的改革,遵循外部市场化的改革路径,即通过体制外的金融增量改革来影响体制内的金融存量改革,银行体制的改革滞后于国有企业体制的改革,是保持整体经济体制改革渐进式过渡以及经济产出持续性增强的一种重要保障("成本分担假说")。从某种意义上来说,经济产出的增加为国民收入的分配奠定了坚实的物质基础,只有 $C+V+M$ 增加了,政府、劳动者和资本所有者才能按照一定的比例对 $V+M$ 进行分割。货币资本在居民、银行、企业和政府之间的运动和积累,按照前面的阐述可知它带来了收入分配格局的改变。

银行中介机构的发展对收入分配的影响存在两个方面:第一,对不同的收入组提供不同的信贷服务,这是基于银行中介机构在市场和风险调整基础的价格上获得一定的回报。对于处在较高收入等级的人来说，他们获得较多的贷款，若这部分贷款资源用于最有效和最有生产力的产品市场和要素市场上，那么这样信贷资源的配置在帕累托上是最优的，或者至少说是帕累托有效的。从这个意义上可以说，信贷资源和信贷服务用在最有生产力的用途上，并不是因为他们最初是有钱人或者有政治和商业上的联系，所以银行中介机构对收入分配影响是积极的。第二，富人拥有较多的财富和资源，具有较大的话语权，有实力对政策决策者等官员进行游说和贿赂，以此改变政策制定者的决策，从而使出台的经济政策和措施朝着富人预期的方向，尽管这有可能以牺牲经济增长和经济体制改革为代价。若这部分信贷资源被拥有权力的政治精英、与政治官僚有密切往来的商业精英低成本使用，就会导致帕累托无效。这样一来，银行中介机构的进一步发展则会导致内部人、有钱人和有政治影响的人获得信贷资源，而不是针对中低收入阶层，那么居民间的收入差距会持续拉大。

总之，以银行为载体的货币资本的运动、积累带来相应的发展和变迁对中国收入差距产生了直接或者间接的影响。因此，有必要先对银行中介机构的历史过程做一个简单的分析，从而为后面货币资本化与收入分配差距之间关系的实证检验打下基础。

第一节 货币资本化载体的历史分析

一 以银行为代表的货币资本化载体的历史演进

中国的银行业发展以大一统的中国人民银行为起点，单一银行制使得央行既扮演了商业银行的角色，又扮演了宏观调控者、货币政策执行者的角色。随着经济体制改革的纵深推进，通过财政拨款对国有企业注资的方式逐渐向通过银行贷款的方式转变，内生出了银行体系制度变迁的需求，即需要通过体制转化承担起"拨改贷"的任务和职责，而原先大一统的银行体制下的存贷业务远远不能满足需求，势必通过扩大银行体系的规模和边界来获得所需资金。同时与之伴随的是国家收入分配格局发生了变化，一方面是国有财政收入的下降，另一方面是居民可支配收入的上升与居民间收入差距的扩大。收入分配格局的改变使得国家通过增加银行组织体系的方式来保持体制内产出的稳定性增长和体制改革的稳定性变迁，以满足国家的效用函数和偏好。

1978—1984 年的银行体系改革，是将大一统的银行体系通过分工分解成为主管政策性业务的中央银行和经营存贷款业务的商业性银行，解决因政策性职能和商业性职能交叉带来的效率低下、责任不清以及职能不明等问题，并已形成两者协作分工的新格局。将中央银行办成银行的银行和政府的银行，以满足宏观调控和货币政策执行的需要，将国有专业银行"真正办成银行"。通过国有专业银行的建立，使得居民在扣除维持劳动力再生产的费用后的剩余收入可以通过它以较低的交易成本完成储蓄向投资的转化。因此，二元银行体系的形成，从表面上看是政府主导型的从上到下强制性金融制度变迁取得的一个阶段性成果，而其实是储蓄—投资机制的嬗变。这种嬗变的背后是居民通过货币资本化机制进行收入再分配的经济活动从而产生收入分配差距。由于城乡经济发展的不平衡，在城市通过增设分支机构的方式扩大金融组织的规模成为成本较低的方式，而农村经济基础和基础设施薄弱无法实现农村金融组织的快速扩张，使得城乡居民的储蓄额存在很大的差距。根据中国统计年鉴的数据，1978—1984 年，城镇居民储蓄余额从 154.9 亿元增加到 776.6 亿元，而农村从 55.7 亿元增加到 438.1 亿元，由于储蓄会带来一定的利息，同时考虑到 1978—1984 年农村人口占全国人口的较大比重，因此人均城镇储蓄比人均乡村储蓄高很多，进而拉大了城乡的收入差距，反过来也强化了城乡二元特性。在这期间，货币流动性的比重 M_1/M_2 存在大幅下降的趋势。

1984—1994 年为中国多层次银行体系的发展阶段。国有专业银行的企业化改革全面铺开，一方面是政策性银行（中国农业发展银行、国家开发银行和中国进出口银行）的成立，为经济增长提供必需的资金供给；另一方面是股份制商业银行的成立。这期间的银行体系发展存在明显的过渡性特点，即财政功能的弱化和银行功能的有限加强，市场化程度与政府主导和干预的合力形成了"双轨制"。财政功能的弱化，在一定程度上影响了调控收入再分配的力度，从而使得在初次分配中形成的收入差距无法形成补充调节机制，体制外的金融增量改革——股份制商业银行的建立，为体制外的非公有经济提供了金融资源的供给。

1995—2002 年银行体系的深化改革与发展阶段。国有银行的商业化改革阶段，优化国有银行的资本结构，通过建立金融资产管理公司来化解银行的不良贷款。

2003年以后进入财务重组以及公开上市等深入改革的阶段。对于国有商业银行来说，股份制改革主要包括化解不良资产、政府注资、引进战略投资者和公开发行上市四个步骤，通过这一系列的改革，其成效在于资产质量得到很大的改善，市场份额扩大，不良贷款率出现明显下降，盈利能力得到了提升，同时也增强了风险抵御能力，政策性银行的发展进一步完善，城市金融机构（城市商业银行和城市信用社）的规模扩大、质量提升，实现了跨区域的发展。同时，农村正规金融机构如农村信用社、农村商业银行、农村合作银行的支农惠农的倾向使农村和农民获得应有的储蓄和信贷供给，使农民的可支配收入获得了现实的增加。另外，村镇银行、农村资金互助社等的涌现，增加了农村金融的规模和边界，使农村金融供给能力得到以进一步增强。

二 货币资本化载体历史演进的特点

中国银行业的变迁不是诱致性变迁。在银行业的发展改革过程中，它在很大程度上服从于政府政策调控、维持经济增长、减少改革成本和摩擦等方面的需要。由于政府主导的经济体制改革在20世纪80年代中后期转向了城市，银行业在存贷款等业务方面存在去农化倾向，加之银行改革在配合经济体制改革的同时也会自身经历商业化、股份制、公开上市等市场化操作，也就内生出对城市的偏好和对农村的排斥。在城市，由于银行业存在"二八定律"，财务状况良好、信用风险低以及信贷需求持续稳定的高端客户几乎都是在大城市，他们的存款对于银行业经营存贷业务具有举足轻重的的作用；在农村，农民的储蓄存款虽然是银行机构吸储的一个重要来源，但银行金融机构基于风险管理考虑会减小对农村地区的信贷规模。

国有银行的改革与国有企业的改革虽然都遵循了"摸着石头过河"的渐进式逻辑思路，但两者在改革次序方面是存在差异的。国有企业的改革与经济体制改革一样，即先增量改革，后存量改革，以减少体制变迁的震荡，但国有银行的改革是先存量改革，后增量改革。中国银行、中国农业银行、中国工商银行、中国建设银行和交通银行等国有大行经历专业银行改制、补充资本金、化解不良贷款、引进战略投资者以及在A股和H股公开上市，其他城市商业银行、农村商业银行、村镇银行、农村信用社等增量银行类中介机构的出现，不仅有助于为处于弱势地位的中小微企业和农民提供信贷资金，而且有助于促进国有大行改进管理模式和经营方式，为货币资本的运动、积累和增殖提供了更为有效的平台。

第二节 以银行为代表的货币资本化载体的发展与收入差距的实证研究现状

关于金融中介机构发展与收入差距之间的关系，许多学者从不同的方面进行了探讨，得出了有重要意义的结论，对后面的实证检验有启示作用。Dayal-Gulati 和 Husian[1] 基于四大国有商业银行贷款占总贷款的比重，讨论了金融资产转移对地区经济差距的影响。Jalilian 和 Kirkpatrick[2] 利用银行资产与 GDP 的比重测度了很多发达国家和发展中国家的金融中介发展程度，也得出了金融中介发展益贫论。Dollar 和 Kraay[3] 采用商业银行资产对总银行资产的比重作为衡量金融深度的测度指标，也得出了相同的结论。Honohan[4] 将私人部门信贷作为金融发展的测度，发现金融中介增加对穷人收入的增加有积极的作用。Clark、Xu 和 Zoo 等[5] 利用 91 个国家 1960—1995 年的面板数据，计量回归模型以基尼系数的对数为因变量，用私人信贷占 GDP 的比值来衡量金融发展的程度，其中控制变量有每单位资本的初始 GDP 量、政府消费、通货膨胀、现代部门增加值/GDP、制度变量，发现金融中介发展和收入差距过大呈现负向相关关系：金融中介发展越快，收入差距逐渐缩小。Ross[6] 根据美国各州 1976—2005 年的面板数据使用双重差分估计方法研究了以银行放松管制为衡量标准的金融发

---

[1] Anuradha Dayal-Gulati and Aasim M. Husain, "Centripetal Forces in China's Economic Take-off", IMF Working Paper, No. 86, 2006.

[2] Hossein Jalilian and Colin Kirkpatric, "Financial Development and Poverty Reduction in Developing Countries", *International Journal of Finance & Economic*, Vol. 7, No. 2, 2002, pp. 97 – 108.

[3] David Dollar and Aart Kraay, "Growth is Good for the Poor", *Journal of Economic Growth*, Vol. 7, 2002, pp. 195 – 2002.

[4] Patrick Honohan, "Financial Development, Growth and Poverty: How Close Are the Links?" World Bank Policy Research Working Paper, No. 3203, 2004.

[5] George R. G. Clark et al., "Finance and Income Inequality: What Do the Data Tell Us", *Southern Economic Journal*, Vol. 72, No. 3, 2006, pp. 578 – 596.

[6] Ross Levine, "Finance, Inequality, and the Poor", *Journal of Economic Growth*, Vol. 76, 2008, pp. 1 – 13.

展对收入差距过大的影响,研究发现金融发展增加了个人的经济机会,避免了努力导致平均化的不良后果,同时针对美国许多垄断银行近一百年来获得的垄断租金维持了政治上对它们管制政策的支持,分析了世界上只有少数国家金融发展完善的原因。同时 James Ang[1] 将控制变量进入模型设定是为了保证自由度和避免多重共线性,并提出了金融抑制的九个指标,其中六个是关于利率管制,它包括固定的借款、最小借款利率、最大借款利率、固定存款、最小存款利率和最高存款利率以及直接信贷项目、现金准备金率和法定流动性比率。Mauricio[2] 通过分析跨行业外部金融依赖的差异和资本—技术互补性,以不同国家(大部分是欧洲国家)的国内金融市场的放松管制和美国各州的银行分支机构放松管制为例,研究了金融自由化与技术工人和非技术工人之间收入差距的关系,认为金融自由化有助于降低借款约束和增加资本需求,由于技术工人与资本的要素互补性,在增加资本需求的同时增加了对技术工人的需求。因此,金融自由化通过增加需求导致收入不平等,由于在不同行业对金融需求和要素互补性的不同,这种不平等也不是成比例的。

刘敏楼[3]从金融发展的视角利用中国的地区截面数据,发现金融机构发展对以城乡居民收入比为代表的中国收入分配差距的影响呈现倒"U"形关系。尹希果、陈刚、程世骑[4]运用 1978—2004 年的中国省级数据通过面板单位根和 VAR 模型检验发现,东部和西部地区金融发展与城乡收入差距之间并不存在长期稳定的均衡关系,而 VAR 模型估计则显示西部金融发展在格兰杰意义上是城乡收入差距的原因。唐礼智、刘喜好、贾璇[5]从全国和东中西部两个层面,对 1987—2016 年我国金融发展与城乡收入差距的关系进行了实证研究,研究结果表明,全国和东

---

[1] James Ang, "Financial Liberalization and Income Inequality", MPRA Working Paper, No. 14496, 2009.

[2] Mauricio Larrain, "Does Financial Liberalization Contribute to Wage Inequality, The Role of Capital-skill Complementarity", Columbia Business School Research Paper, No. 12/48, 2017.

[3] 刘敏楼:《金融发展的收入分配效应——基于中国地区截面数据的分析》,《上海金融》2006 年第 1 期。

[4] 尹希果、陈刚、程世骑:《中国金融发展与城乡收入差距关系的再检验——基于面板单位根和 VAR 模型的估计》,《当代经济科学》2007 年第 1 期。

[5] 唐礼智、刘喜好、贾璇:《我国金融发展与城乡收入差距的实证研究》,《农业经济问题》2018 年第 11 期。

部地区金融发展规模与城乡收入差距之间服从库兹涅茨倒"U"形理论。

从以上的研究可以看出,很多是基于发达国家的金融发展状况来研究收入差距和减贫之间的关系,而这些国家金融体制较为完善,金融机构和金融市场发展水平较高。而中国金融二元结构比较明显,同时政府对金融发展和金融资源进行了控制和支配。另外,货币资本化运动、积累和增殖的程度东部、中部和西部之间出现差异,从而出现区域效应和省际效应,因此需要采用面板模型进行分析。

第三节　货币资本化与收入分配差距的实证检验
——以银行中介机构为例

一　与前人研究的不同之处

针对银行中介机构发展与收入差距的面板计量实证分析,前人已经作了相关的研究,但由于本书立足于马克思金融发展理论,将银行中介机构的发展与中国当前的货币资本化特征紧密联系,另外也综合了戈氏指标(贷款存量/GDP)和麦氏指标(M_2/GDP),利用货币资本化指数(即金融机构存贷款余额/GDP)作为衡量中国货币资本化特征的测度变量,该实证分析衡量了中国以银行中介机构为载体的货币资本化对收入差距的影响。已有的面板模型分析了中国的金融发展与收入差距之间是否存在倒"U"形效应,从文献的梳理上来看这种问题的结论未能达成共识。本章的面板模型在引入控制变量的基础上分析了货币资本化对收入差距的效应。

二　省际货币资本化载体与收入差距统计分析

(一)各地区货币资本化载体的统计分析

各地的货币资本化特征呈现不一的格局及省际结构效应,这种效应说明了省际载体具有异质性。从表6-1可以看出,货币资本化程度在省际间存在差距。其中北京地区的金融发展程度最高,平均值达到了4.97。

表 6-1　　中国各地以货币资本化衡量：金融发展程度

	平均值	标准差	最小值	最大值
安徽	0.91	0.66	0.00	2.27
北京	4.97	1.31	2.96	7.24
福建	0.09	0.01	0.08	0.13
甘肃	2.49	0.21	2.12	2.81
广东	2.45	0.45	1.30	2.89
广西	1.79	0.21	1.46	2.19
贵州	2.21	0.44	1.50	2.85
海南	2.87	0.48	2.30	3.64
河北	1.51	0.31	1.15	2.06
河南	1.68	0.19	1.42	2.04
黑龙江	1.93	0.21	1.57	2.23
湖北	1.93	0.30	1.43	2.31
湖南	1.56	0.18	1.25	1.82
吉林	2.13	0.29	1.74	2.68
江苏	1.83	0.40	1.16	2.44
江西	1.85	0.13	1.67	2.07
辽宁	2.33	0.26	1.77	2.69
内蒙古	1.61	0.14	1.30	1.83
宁夏	2.66	0.30	2.16	3.14
青海	2.44	0.32	1.95	3.07
山东	1.61	0.18	1.31	1.89
山西	2.58	0.37	1.78	3.19
陕西	2.55	0.34	1.75	3.15

续表

	平均值	标准差	最小值	最大值
上海	3.54	0.81	2.42	5.03
四川	2.29	0.30	1.75	2.91
天津	2.65	0.28	2.35	3.33
西藏	2.41	0.42	1.75	3.42
新疆	2.28	0.24	1.75	2.55
云南	2.37	0.54	1.43	3.32
浙江	2.37	0.76	1.32	3.58
重庆	2.29	0.55	1.41	3.07

资料来源：各省、直辖市、自治区的存贷款数据来源于各地的地方统计年鉴，统计数据从1993—2018年，其中平均值都是基于各地区1993—2018年的数据计算。

（二）各地区居民收入差距的统计分析

从表6-2可以看出，福建的收入差距（以平均值衡量的）在所有省、直辖市和自治区中最大，其值为6.85，同时贵州的收入差距（以平均值衡量的）最小，其值为1.46。从各省、直辖市和自治区所属的区域来看，中部地区的收入差距平均最小；处于东部地区的北京、福建收入差距较大；处于西部地区西藏、云南、新疆、重庆、青海之间的收入差距较小，其中西藏的收入差距值达到4.44，在西部地区中最大。

表6-2 中国居民收入差距统计

	均值	标准差	最小值	最大值
安徽	2.96	0.23	2.54	3.29
北京	4.22	1.23	2.52	7.07
福建	6.85	0.84	5.03	8.36
甘肃	3.70	0.41	2.88	4.30
广东	2.87	0.24	2.47	3.15
广西	3.43	0.39	2.73	3.88
贵州	1.46	0.30	1.02	1.99
海南	2.79	0.20	2.40	3.14
河北	2.52	0.26	2.11	2.90

续表

	均值	标准差	最小值	最大值
河南	2.75	0.28	2.26	3.10
黑龙江	2.23	0.31	1.73	2.66
湖北	2.67	0.26	2.22	3.13
湖南	2.98	0.21	2.56	3.37
吉林	2.35	0.35	1.77	2.77
江苏	2.15	0.29	1.71	2.57
江西	2.48	0.30	1.93	2.83
辽宁	2.29	0.26	1.79	2.65
内蒙古	2.77	0.39	2.14	3.21
宁夏	3.11	0.36	2.39	3.51
青海	3.50	0.30	2.98	3.83
山东	2.61	0.22	2.19	2.91
山西	2.86	0.36	2.21	3.30
陕西	3.67	0.39	3.00	4.11
上海	2.05	0.29	1.58	2.36
四川	3.12	0.19	2.83	3.50
天津	2.22	0.16	1.88	2.47
西藏	4.44	0.84	3.15	5.61
新疆	3.33	0.25	2.85	3.74
云南	4.29	0.23	3.93	4.76
浙江	2.29	0.18	2.00	2.49
重庆	3.45	0.24	3.11	4.03

资料来源：笔者自行计算。

三 模型分析

1. 模型设定

根据本章研究的目标以及前面关于金融发展与收入差距的理论分析，将计量模型设置如下：

$$srb_{i,t} = \alpha + \beta_1 fir_{i,t} + \beta_2 fis_{i,t} + \beta_3 u_{i,t} + \beta_4 str_{i,t} + \beta_5 im_{i,t} + \varepsilon_{i,t}$$

其中 i 表示省份，即横截面单位，t 表示时间，即时间序列从 1993 年到 2011 年，α 表示变截距。其中各变量的系数分别用 β_1、β_2、β_3、β_4、β_5

表示。

2. 变量说明及数据来源

本面板模型中因变量为城乡收入差距,自变量为银行中介机构发展(即存贷款之和与当地 GDP 的比值),其中还包含其他控制变量。

(1) 收入差距 $srb_{i,t}$。用城镇居民的人均可支配收入与农村居民的人均纯收入的比值来衡量。关于收入差距有很多衡量指标,如变异系数、基尼系数、Theil 指数等。鉴于省级面板数据的可得性,同时兼顾收入差距的含义,在这里选取城乡收入比作为收入差距的替代指标。

(2) 金融发展 $fir_{i,t}$。本章主要研究银行中介机构的发展也即中国货币资本化对收入差距的影响,因此用银行中介机构(金融机构)的存贷款之和与 GDP 的比值,作为金融发展在间接金融领域的衡量指标,这与戈德史密斯、麦金农分别以金融资产总量与 GDP 的比值和 M_2 与 GDP 的比值来描述西方发展中国家的金融发展是不同的,同时也不同于 Arestis、Luintel 针对欠发达国家用贷款与 GDP 的比值描述金融发展。

(3) 政府行为 $fis_{i,t}$。从第四章的分析中可以看出政府在我国金融体制改革和金融发展中的地位和角色不可忽视。因此,政府干预金融发展通过直接或者间接的渠道影响到居民收入分配格局和收入差距。由于政府在金融领域的行为结构对居民收入分配差距的影响很难将其从数量上分割出来,故利用政府支出占 GDP 的比值来衡量政府干预金融的行为。

(4) 对外经济贸易 $im_{i,t}$。用进出口总额与 GDP 的比值来衡量。根据斯托尔珀-萨缪尔森定理(1941),对外经济贸易会改变收入分配格局,提高那些拥有贸易中密集使用要素所有者的收入,降低那些拥有稀缺要素所有者的报酬和收入,从而拉大收入差距。

(5) 产业结构 $str_{i,t}$。用第三产业增加值占当年 GDP 的比值来衡量。产业结构优化升级通过两种效应对收入差距产生影响,一是瑞典经济学家缪尔达尔提出的回浪效应论(back-wash effect),认为产业结构优化升级会导致固定资产投资增加,通过乘数放大效应增加了收入,而产业结构之间的差距势必导致居民收入差距扩大;二是产业结构优化升级通过劳动力的流动和增加就业两个渠道产生收入再分配效应。

(6) 城市化 $u_{i,t}$。用非农人口数占总人口数来衡量。在城市化的过程中,由于城乡居民进入不同的部门(分为正规部门和非正规部门)工作,会获得不同的薪水从而拉开城乡收入差距,在中国由于户籍制度以及社会保障的约束，城乡收入差距在城市化过程中更大。

由于涉及省份较多，在计量中为了方便起见，将省份变量 province 设置为字节变量，用序号 1—31 分别表示 31 个省（自治区、直辖市）：安徽、北京、福建、甘肃、广东、广西、贵州、海南、河北、河南、黑龙江、湖北、湖南、吉林、江苏、江西、辽宁、内蒙古、宁夏、青海、山东、山西、陕西、上海、四川、天津、西藏、新疆、云南、浙江和重庆，并且使用了 1993—2018 年的时间数据。各地区金融中介机构年末存贷款 1993—2018 年数据来源于《新中国六十年统计资料汇编》，2009—2011 年数据来源于《中国区域经济统计年鉴》《中国金融年鉴》各地区金融机构人民币各项存款和贷款余额。各地区的 GDP 来源于历年《中国统计年鉴》。其中各变量的总体统计分析如表 6-3 所示。

表 6-3　　　　　　　　　各变量总体统计量分析

变量	均值	标准差	最小值	最大值
srb	3.04	1.05	1.02	8.35
fir	2.20	0.91	0.00	7.24
fis	0.22	0.31	0.05	2.28
u	0.31	0.13	0.12	0.74
str	0.39	0.07	0.28	0.76
im	0.30	0.40	0.03	2.17

资料来源：笔者自行计算。

根据文献可知，银行中介发展与城乡收入差距之间的关系存在多种情况，可以大胆的推测，有些地区银行中介机构的发展对收入差距有扩大效应，有些地区则具有缩小收入差距的效应，甚至有些地方存在两者关系的不明晰，说明银行中介机构的发展并未对该地的收入差距产生影响。

3. 模型检验

关于面板计量分析选择固定效应模型还是随机效应模型，在学术界存在几种不同的看法，如 Greene（1997）、Breush 和 Pagan（1980）提出的 LM 检验方法，最常用的是 Hausman（1978）提出的豪斯曼检验方法（Hausman Test），它其实是一种 Wald 检验。

豪斯曼检验的原假设 H_0：在随机效应与原解释变量不相关的假定下，

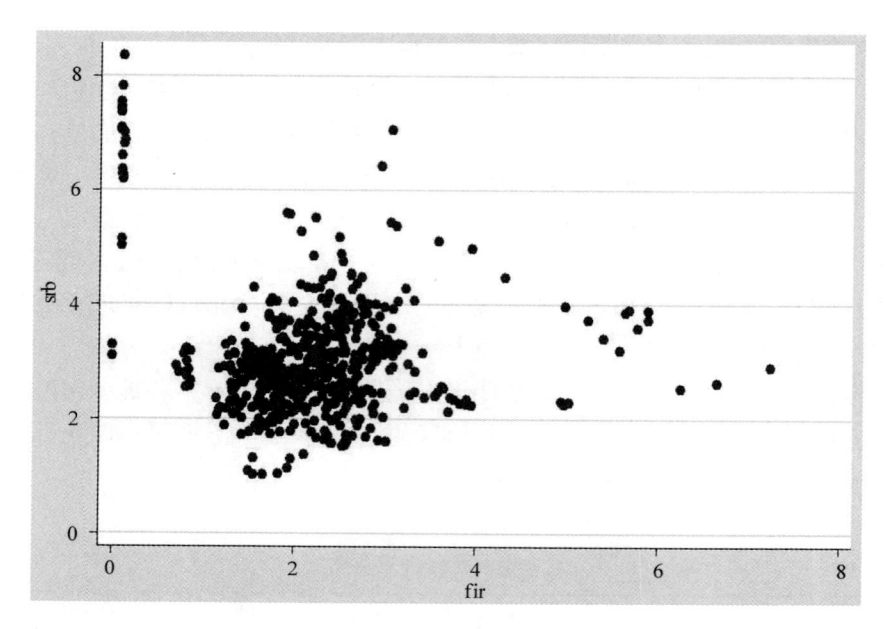

图 6-1　城乡收入差距与金融发展的散点图（总体）

资料来源：笔者绘制。

内部估计量与 GLS 得出的估计量是一致但并非有效的。也即 $\hat{\beta}_w$ 和 $\hat{\beta}_{GLS}$ 之间的绝对值差距不大。豪斯曼检验统计量如下：Hausman 统计量即 Wald 统计量服从自由度为 K 的 χ^2 分布。豪斯曼统计量结果为 77.49，在设定的检验水平是显著的，因相伴概率为 0.155，因此接受存在随机效应的原假设，选用随机效应模型进行分析。

4. 计量结果分析

根据 Stata17.0 版本的计量软件操作，可以得到具有随机效应的面板回归结果如表 6-4 所示：

从结果可以看出，货币资本化在不同地域对收入分配产生的影响存在差异：比如在北京、福建、甘肃、广东、广西、贵州、海南、河北、江苏、辽宁、内蒙古、山东、上海、浙江、重庆、西藏和新疆，货币资本化的提高缩小了收入差距；而在安徽、河南、湖北、湖南、吉林、江西、宁夏、山西、陕西、云南等地货币资本化扩大了收入差距。可以看出，北京、福建、甘肃、广东、广西、贵州、海南、河北、江苏、辽宁、内蒙古、山东、上海、浙江属于东部地区，东部地区的以银行为代表的货币资本化载体发展较快,因此货币资本化程度也较高,重庆虽然属于西部地区,但由于它是直辖市,发展较其他中西部省份快,是长江中上游地区的经济中心和金融中心,银行中介机构发展也较快。中部地区的发展较东部差,货币资本化对城乡居民收入差距起到了放大的效应。另外,在黑龙江、青海、四川和天津 fir 的系数分别为 0.005、0.007、-0.013 和 0.003,表明这些地方货币资本化与收入分配之间的关系不显著,这一方面有可能是因为数据的原因,另一方面也可能是这些地区金融发展与城乡居民收入差距的关系不显著。

所以,货币资本化的程度不平衡,使得金融发展与收入分配差距之间的关系存在结构上的差异。在市场经济发展和金融发展较快的地域,货币资本化缩小了城乡居民收入差距,在市场经济发展和金融发展较慢的地域,货币资本化扩大了城乡居民收入差距。

表6-4　　　　　　　　面板随机效应的回归结果

Province1	系数	标准误	z统计量	$p>\|z\|$	[95%置信区间]	
fir	0.173	0.104	-1.70	0.049	-0.277	0.132
fis	4.976	3.154	1.58	0.115	-1.205	11.157
u	-6.387	4.938	-1.29	0.196	-16.065	3.290
im	4.222	1.861	2.27	0.023	0.574	7.871
str	0.858	1.487	1.58	0.058	-2.057	3.773
_cons	2.914	0.699	4.17	0.000	1.543	4.284

Province2	系数	标准误	z统计量	$p>\|z\|$	[95%置信区间]	
fir	-0.078	0.137	-2.56	0.057	-0.345	-0.191
fis	-13.240	4.591	-2.88	0.004	-22.238	-4.242
u	8.450	1.696	4.98	0.000	5.126	11.775
str	-5.177	2.437	-2.12	0.034	-9.953	-0.401
im	0.383	0.202	1.90	0.057	-0.012	0.778
_cons	4.512	1.085	4.15	0.000	2.384	6.640

Province3	系数	标准误	z统计量	$p>|z|$	[95%置信区间]	
fir	-2.891	0.982	2.94	0.003	0.966	4.816
fis	2.914	0.222	13.14	0.000	2.479	3.349
u	-22.751	1.166	-19.51	0.000	-25.037	-20.465
str	1.219	2.576	0.47	0.636	-3.829	6.268
im	-0.122	0.543	-0.22	0.822	-1.186	0.942
_cons	7.011	1.016	6.90	0.000	5.018	9.004

Province4	系数	标准误	z统计量	$p>|z|$	[95%置信区间]	
fir	-0.183	0.231	-1.29	0.087	-0.637	0.270
fis	1.748	1.560	1,12	0.262	-0.1309	4.806
u	-3.385	3.265	-1.04	0.300	-9..785	3.015
str	6.608	1.809	3.65	0.000	3.062	10.154
im	7.524	1.609	4.68	0.000	4.370	10.678
_cons	1.372	0.618	2.22	0.027	0.160	2.584

Province5	系数	标准误	z统计量	$p>|z|$	[95%置信区间]	
fir	-0.375	0.104	-3.60	0.000	-0.580	-0.171
fis	-3.130	3.731	-0.84	0.402	-10.444	4.183
u	2.499	0.328	7.63	0.000	1.857	3.141
str	4.640	1.602	2.89	0.004	1.493	7.775
im	0.149	0.160	0.93	0.353	-0.166	0.464
_cons	1.078	0.408	2.64	0.008	0.278	1.877

Province6	系数	标准误	z统计量	$p>|z|$	[95%置信区间]	
fir	-0.357	0.260	-1.37	0.057	-0.869	0.154
fis	9.022	1.666	5.41	0.000	5.756	12.288
u	-4.588	2.999	-1.53	0.126	-10.467	1.291
str	9.129	1.596	5.72	0.000	6.000	12.257
im	7.539	1.529	4.93	0.000	4.542	10.535
_cons	-0.706	0.875	-0.81	0.420	-2.424	1.010

续表

Province7	系数	标准误	z统计量	p>|z|	[95%置信区间]	
fir	-0.220	0.037	6.02	0.000	0.148	0.292
fis	7.277	0.425	17.10	0.000	6.443	8.111
u	-11.204	0.848	-13.21	0.000	-12.867	-9.542
str	-2.212	0.565	-3.91	0.000	-3.319	-1.104
im	-1.522	0.565	-2.69	0.007	-2.631	-4.139
_cons	1.933	0.132	14.70	0.000	1.675	2.191

Province8	系数	标准误	z统计量	p>|z|	[95%置信区间]	
fir	-0.246	0.105	-2.34	0.019	-0.451	-0.040
fis	1.102	1.268	0.87	0.385	-1.383	3.588
u	-0.395	1.087	-0.36	0.071	-2.526	1.736
str	2.654	2.690	0.00	0.132	-2.619	7.729
im	1.078	0.271	3.98	0.000	0.548	1.610
_cons	1.894	1.098	1.72	0.085	-0.258	4.046

Province9	系数	标准误	z统计量	p>|z|	[95%置信区间]	
fir	-0.148	0.346	-1.43	0.069	-0.825	0.530
fis	8.482	4.065	2.09	0.037	0.514	16.450
u	-1.733	2.039	-0.85	0.040	-5.731	2.264
str	-0.327	3.023	-0.11	0.114	-6.253	5.599
im	5.179	2.077	2.49	0.013	1.108	9.249
_cons	1.874	0.940	1.99	0.046	0.031	3.716

Province10	系数	标准误	z统计量	p>|z|	[95%置信区间]	
fir	0.247	0.257	-1.96	0.035	-0.750	0.256
fis	5.292	3.434	1.54	0.123	-1.439	12.023
u	-1.269	2.798	-0.95	0.095	-6.753	4.215
str	4.563	2.544	1.79	0.073	-0.423	9.549
im	8.434	2.239	3.77	0.000	4.046	12.821
_cons	1.053	0.738	1.43	0.154	-0.395	2.500

续表

Province11	系数	标准误	z统计量	$p > |z|$	[95%置信区间]	
fir	0.005	0.149	0.93	0.099	-0.289	0.299
fis	-11.612	1.623	-7.15	0.000	-14.793	-8.430
u	7.010	1.507	4.65	0.000	4.059	9.964
str	12.676	1.973	6.42	0.000	8.808	16.543
im	3.654	0.850	4.19	0.000	1.898	5.229
_cons	-3.940	0.498	-7.89	0.000	-4.914	-2.959

Province12	系数	标准误	z统计量	$p > |z|$	[95%置信区间]	
fir	0.112	0.308	1.36	0.072	-0.492	0.717
fis	2.198	2.863	0.77	0.143	-3.413	7.810
u	-0.223	1.286	-0.17	0.086	-2.743	2.297
str	0.559	2.505	1.22	0.084	-4.352	5.469
im	5.587	2.132	2.62	0.009	1.409	9.766
_cons	1.501	0.757	1.98	0.047	0.017	2.984

Province13	系数	标准误	z统计量	$p > |z|$	[95%置信区间]	
fir	0.362	0.383	-1.95	0.034	-1.112	0.387
fis	3.716	1.937	1.92	0.055	-0.082	7.514
u	-2.230	1.976	-1.13	0.026	-6.103	1.644
str	1.880	1.5474	1.19	0.100	7.515	4.965
im	11.014	1.785	6.17	0.000	7.515	14.513
_cons	2.098	0.344	6.09	0.000	1.423	2.773

Province14	系数	标准误	z统计量	$p > |z|$	[95%置信区间]	
fir	0.161	0.110	-1.46	0.095	-0.376	0.055
fis	7.067	1.185	5.96	0.000	4.744	9.390
u	-5.430	2.179	-2.49	0.013	-9.702	-1.158
str	8.551	1.038	8.24	0.000	6.516	10.586
im	2.913	0.513	5.68	0.000	1.907	3.919
_cons	0.403	0.904	1.45	0.067	-1.369	2.176

续表

Province15	系数	标准误	z 统计量	$p > \mid z \mid$	[95%置信区间]	
fir	-0.127	-0.205	-1.12	0.087	-0.529	0.275
fis	17.557	4.505	3.90	0.000	8.729	26.387
u	0.921	1.576	1.58	0.098	-2.167	-3.542
str	-7.399	1.968	-3.76	0.000	-11.257	-3.541
im	-0.001	0.200	-0.89	0.129	-0.393	0.390
_cons	3.274	0.432	7.57	0.000	2.427	4.121

Province16	系数	标准误	z 统计量	$p > \mid z \mid$	[95%置信区间]	
fir	0.151	0.034	1.44	0.066	-0.526	0.828
fis	-0.368	2.271	-1.16	0.087	-4.819	4.083
u	9.493	2.354	4.03	0.000	4.878	14.108
str	-1.443	1.707	-0.85	0.104	-4.788	1.902
im	-1.622	1.972	-1.82	0.041	-5.488	2.244
_cons	0.646	0.710	1.21	0.036	-0.746	2.038

Province17	系数	标准误	z 统计量	$p > \mid z \mid$	[95%置信区间]	
fir	-0.225	0.234	-1.96	0.037	-0.684	0.234
fis	10.909	1.546	7.05	0.000	7.879	13.941
u	-4.864	2.729	-1.78	0.075	-10.213	0.484
str	1.260	2.110	0.60	0.132	0.669	2.372
im	1.521	0.434	3.50	0.000	0.669	2.372
_cons	2.690	1.311	2.05	0.040	0.120	5.261

Province18	系数	标准误	z 统计量	$p > \mid z \mid$	[95%置信区间]	
fir	-1.007	0.262	-3.84	0.000	-1.521	-0.493
fis	4.700	1.986	2.37	0.018	0.807	8.593
u	4.250	1.705	2.49	0.013	0.908	7.592
str	1.856	1.376	1.35	0.017	-0.840	4.553
im	1.027	1.347	1.76	0.046	-1.613	3.669
_cons	1.235	0.737	1.67	0.094	-0.210	2.680

续表

Province19	系数	标准误	z统计量	$p>\|z\|$	[95%置信区间]	
fir	0.407	0.341	1.19	0.089	-0.261	1.076
fis	4.132	1.754	2.36	0.019	0.693	7.570
u	-3.126	2.644	-1.18	0.237	-8.309	2.057
str	-8.453	2.402	-3.52	0.000	-13.160	-3.746
im	1.748	2.104	1.83	0.041	-2.377	5.872
_cons	5.287	0.996	5.31	0.000	3.336	7.239

Province20	系数	标准误	z统计量	$p>\|z\|$	[95%置信区间]	
fir	0.007	0.390	1.50	0.028	-0.759	0.772
fis	3.284	1.243	2.64	0.008	0.845	5.721
u	-11.116	5.393	-2.06	0.039	-21.686	-0.546
str	0.783	1.756	1.45	0.065	-2.660	4.226
im	5.586	2.237	2.50	0.013	1.199	9.972
_cons	4.894	1.539	3.18	0.001	1.878	7.912

Province21	系数	标准误	z统计量	$p>\|z\|$	[95%置信区间]	
fir	-0.123	0.209	-1.59	0.055	-0.533	0.287
fis	13.428	4.254	3.16	0.002	5.090	21.765
u	0.295	1.441	0.20	0.803	-2.530	3.120
str	-6.729	1.672	-4.03	0.000	-10.006	-3.452
im	1.098	0.901	1.22	0.123	-0.669	2.864
_cons	3.620	0.445	8.13	0.000	2.747	4.492

Province22	系数	标准误	z统计量	$p>\|z\|$	[95%置信区间]	
fir	0.169	0.243	-1.70	0.049	-0.646	0.308
fis	12.921	2.165	5.97	0.000	8.678	17.164
u	-6.063	3.241	-1.87	0.061	-12.417	0.290
str	1.922	1.854	1.04	0.030	-1.712	5.557
im	6.379	1.634	3.90	0.000	3.175	9.582
_cons	1.782	0.796	2.24	0.025	0.223	3.342

续表

Province23	系数	标准误	z统计量	$p>|z|$	[95%置信区间]	
fir	0.759	0.182	4.16	0.000	0.402	1.117
fis	12.120	2.520	4.81	0.000	7.181	17.059
u	-8.532	2.074	-4.03	0.000	-12.418	-4.288
str	-8.346	1.753	-4.76	0.000	-11.782	-4.911
im	1.809	2.091	0.87	0.187	-2.288	5.906
_cons	4.886	0.777	6.28	0.000	-2.288	6.409

Province24	系数	标准误	z统计量	$p>|z|$	[95%置信区间]	
fir	-0.110	0.093	-1.18	0.098	-0.292	0.072
fis	-1.418	3.313	-1.43	0.067	-7.911	5.074
u	-1.228	0.595	-2.07	0.039	-2.394	-0.063
str	2.750	0.886	3.10	0.002	1.014	4.487
im	0.480	0.153	3.14	0.002	0.181	0.779
_cons	1.512	0.599	2.53	0.012	0.338	2.686

Province25	系数	标准误	z统计量	$p>|z|$	[95%置信区间]	
fir	-0.013	0.214	-0.06	0.092	-0.432	0.407
fis	2.423	1.740	1.39	0.064	-0.988	5.834
u	-7.467	1.667	-4.48	0.000	-10.734	-4.200
str	1.695	1.323	1.28	0.092	-0.898	11.445
im	7.025	2.255	3.12	0.002	2.608	11.445
_cons	3.198	0.409	7.82	0.000	2.397	4.000

Province26	系数	标准误	z统计量	$p>|z|$	[95%置信区间]	
fir	0.003	0.134	0.87	0.087	-0.260	0.2667
fir	4.019	1.882	2.14	0.033	0.330	7.708
u	-0.371	1.044	-0.35	0.120	-2.142	1.675
str	-0.117	0.747	-0.16	0.875	-1.582	1.348
im	0.111	0.126	0.88	0.120	-0.136	0.358
_cons	1.840	0.732	2.51	0.012	0.404	3.376

续表

Province27	系数	标准误	z 统计量	p > |z|	[95% 置信区间]	
fir	-0.254	0.538	-0.98	0.098	-1.309	0.800
fis	-0.506	1.178	-1.43	0.066	-2.816	1.803
u	-33.157	5.058	-6.56	0.000	-43.070	-23.244
im	-2.389	2.336	-1.02	0.093	-6.967	2.189
_cons	9.874	1.136	8.69	0.000	7.647	12.100

Province28	系数	标准误	z 统计量	p > |z|	[95% 置信区间]	
fir	-0.241	0.211	-1.44	0.089	-0.655	0.173
fis	-1.123	0.955	-1.38	0.093	-2.994	0.747
u	-0.209	2.457	-0.99	0.012	-5.024	4.607
str	6.576	1.520	4.33	0.000	3.596	9.556
im	0.507	0.928	1.58	0.078	-0.191	3.498
_cons	1.654	0.941	1.76	0.079	-0.191	3.498

Province29	系数	标准误	z 统计量	p > |z|	[95% 置信区间]	
fir	0.115	0.153	0.75	0.095	-0.186	0.416
fis	-6.251	1.205	-5.66	0.000	-8.417	-4.085
u	-10.007	3.967	-2.52	0.012	-17.782	-2.231
str	10.438	2.175	4.80	0.000	6.176	14.700
im	0.917	1.469	0.62	0.143	-1.963	3.797
_cons	3.048	0.612	4.98	0.000	1.848	4.249

Province30	系数	标准误	z 统计量	p > |z|	[95% 置信区间]	
fir	-0.112	0.142	0.89	0.111	-0.166	0.390
fis	3.179	3.310	0.96	0.337	-3.308	9.667
u	-6.271	3.226	-1.94	0.052	-12.592	0.051
str	0.396	2.173	0.18	0.855	-12.592	4.654
im	1.182	0.282	4.19	0.000	0.629	1.736
_cons	2.506	0.633	3.96	0.000	1.265	3.747

续表

Province31	系数	标准误	z 统计量	$p > |z|$	[95% 置信区间]	
fir	-0.125	0.218	1.57	0.091	-0.302	0.552
fis	-4.553	1.386	-3.28	0.001	-7.270	-1.836
u	5.084	2.942	1.73	0.084	-0.681	10.849
str	4.778	1.779	2.69	0.007	1.292	8.265
im	1.766	1.603	1.10	0.270	-1.375	4.907
_cons	0.353	0.819	0.43	0.666	-1.252	1.959

资料来源：笔者自行计算。

第四节　本章小结

本章在前面理论分析的基础上简要回顾了货币资本化载体——银行中介机构的发展历程及其特征，并且就货币资本化与收入差距进行了实证分析和检验。鉴于中国货币资本化程度存在地域上的不平衡，采用个体固定效应的面板模型进行了分析。结果发现，以货币资本化为特征的金融发展不仅在不同方向上影响收入差距，而且在不同程度上影响收入差距，存在明显的省际结构效应。

第七章

虚拟资本化与收入分配差距的实证检验

虚拟资本作为一系列具有抽象属性的资本种类，它的运动、积累和增殖离不开相应的载体。对股票、债券等一些有价证券来说，它们的出现一直伴随着相应载体的发展，这在很大程度上与资本市场的培育和发展息息相关。改革开放以来，资本市场不仅作为一个直接融资机制和平台，更重要的是作为一项重要的金融制度创新，对经济发展与经济改革发挥了重要的作用。与中国经济改革的"渐进式"逻辑相似，资本市场也遵循政府主导与市场演进相结合的发展模式，一方面降低了金融体制改革产生的制度转轨摩擦成本，另一方面有助于促进经济增长。资本市场与作为货币资本化载体的银行中介机构一样，是一项重要的储蓄投资转化机制，将单个居民有限分散的资金通过这一转化机制形成社会资金，并导入经济增长所需的领域中。从形式上分，资本市场属于资金融通直接转化形式，储蓄者将自身有限的货币资金通过资本市场投入生产性用途中（又称货币型直接转化），使得自身的货币资本转变为资本市场上的虚拟资本，因此储蓄者凭借储蓄资金的所有权会获得一定额度的收益（或者可称为"幼仔"），从而增加了储蓄者的收入。从整体上来看，资本市场中的储蓄者和投资者之间的收入分配随着资本市场的发展而呈现不同的特征，这种特征表现在储蓄者是以货币资本的所有者身份从经济增长中分享到实现自身货币资金产权利益的经济果实，而投资者则是基于从资本市场中筹集到的资金形成产业资本从实体经济中获取利益，也有投资者从金融资产的投资中获取红利、利息和股息等利益。从这方面来说，资本市场具有收入分配效应。结合中国经济改革与金融体制改革的历程，可以看出资本市场在政府主导和干预下，产生了不同于市场自发演进所带来的收入分配效应，资本市场的发展在很大程度上拉开了收入差距。

从城乡二元结构上来看，资本市场这一直接储蓄投资转化机制主要作用在城市范围内，处于城市内的大中型国有企业容易筹措到资金，导致这些企业发展较好，而农村从资本市场上直接筹措的资金较为稀少，无法像城市那样获取足够的资金，从而改变了城乡收入分配格局并拉开了城乡收入差距。

按照已有的理论可知，虚拟资本市场包括股票市场、债券市场、金融衍生品市场等，由于数据可得性将其主要限定在股票市场和债券市场中。股票市场主要集中于上海证券交易所和深圳证券交易所，债券市场包括国债市场、金融债市场和企业债市场等，由于计划经济时代政府干预的普遍性和全面性，进入改革开放的社会主义市场经济时代中，国债占有很大份额是计划经济时代下的政府干预路径依赖的标志，这种不合理的债券结构导致了发债主体和发债方式违背了市场经济规律。从发达国家的经济历程来看，债券市场占主导地位的是企业债市场。市场经济越成熟的国家，也越应该是企业债市场占主导地位。在本章中，为了从实证上分析资本市场发展对收入差距产生的效应，不再单独区分债券市场的结构。同时考虑到资本市场作为虚拟资本运动和积累的载体和场所。

第一节 虚拟资本市场发展与收入分配差距的相关实证研究现状

总体来说，关于虚拟资本与收入分配差距的直接实证研究较少，大部分是基于虚拟资本运动和积累的载体即资本市场发展与收入差距之间关系的分析。

James Tobin[1]根据 q 理论认为股票价格变化通过投资对实体经济产生影响。股票价格上扬，导致更多的投资，这就增加了经济产出和就业机会，这种积极的就业效应在面板数据比如 PSID 上更加明显。Aghion Philippe[2]发现股票市场的发展降低了折扣率并且给实体经济部门提供了额外的金融资源，导致了投资水平的提升。这种动态性可以在中期改进收入分

---

[1] James Tobin, "A General Equilibrium Approach to Monetary Theory", *Journal of Money, Credit and Banking.*, Vol. 1, 1969, pp. 15 – 29.

[2] Aghion Philippe, "A Theory of Trickle-Down Growth and Development", *The Review of Economic Studies*, Vol. 64, 1997, pp. 151 – 172.

配格局,将财富从债权人转移到债务人上。Calomiris① 认为如果股票市场自由化可以减少持有股票的成本,那么在未来现金流固定的情况下,一个国家的股票指数会上升。从价值视角来看,股票市场自由化国家的资本收益至少会超过短期的水平值。倘若股票市场的参与者是按照收入水平组分类的,那么只有那些拥有股票的收入组会获得收益。在其他情况不变下,对资本市场的反应要高于那些直接依赖于股票市场的收入群体。一些案例证据强烈地揭示了股票所有权在很大程度上受限于上层收入群体。Henry② 认为从短期来看,股票市场自由化可能会对不同的收入群体产生不同的影响,通过减少资本成本,股票市场自由化增加了持续性投资的净现值,同时使得之前的净现值项目在较低的外部融资成本下变得具有可行性,即由于融资成本下降而提高了项目的净利润,比如股票市场自由化后出现投资繁荣的景象。Fama 和 French③ 认为股票市场对收入不平等有直接效应,股票持有者由于股市增值获得较多的资本收益和涨息,如美国在20 世纪 80 年代和 90 年代的股票市场。Congressional Budget Office④ 认为那些实现资本收益的家庭不可能从股票持有者转向非股票持有者,并利用已经实现的资本收益对其他股票进行再投资,以期获得更多的资本收益,同时利用其他股票市场分散股票持有降低风险。Das 和 Mohapatra⑤ 认为价值收益和损失可能会影响不同的收入阶层,如果股票市场参与被分隔成不同的组。低的折扣率导致了平均净现值的上升,而这个在经营性现金没有投资于实体经济部门而以股息的形式进行分配的情况下,会加剧收入分配不平等。研究表明市场经济倾向于加剧收入不平等,由于大公司从股票市场上获益较大,市场微观结构也会影响金融发展对收入差距的效应。由于没有足够的信息效率,一些占主导地位的投资者可能会使得股票价格偏离其固有价值,因此股票市场发展和一体化的收益会被裙带机构以及寻租

---

① Charles W. Calomiris, *Emerging Financial Markets*. New York: McGraw Hill, 2011, p. 28.
② Peter Blair Henry, "Do Stock Market Liberalization Cause Investment Booms", *Journal of Financial Economics*, Vol. 58, No. 1, 2000, pp. 301 – 334.
③ Eugene F. Fama and Kenneth R. French, "Disappearing Dividends: Changing Firm Characteristics or Lower Propensity to Pay", *Journal of Financial Economics*, Vol. 14, No. 3, 2001, pp. 67 – 79.
④ Congressional Budget Office, "Revenue Projections and the Stock Market", Revenue and Tax Policy Brief, No. 20, 2002.
⑤ Mitali Das and Sanket Mohapatra, "Income Inequality: the Aftermath of Stock Market Liberalization in Emerging Markets", *Journal of Empirical Finance*, Vol. 10, 2003, pp. 217 – 248.

人捕获。Beck 和 Levine[①] 认为有三种方式衡量股票市场发展：市场资本化（上市股票值与 GDP 之比，衡量了股票市场规模与经济总量规模的相对大小，反映了通过发行股票的方式促进资本流动和资源配置的过程）、换手率以及交易增加值（国内交易所股票交易值与 GDP 之比，衡量了市场交易规模相对于经济规模）。这三种指标衡量了股票市场发展的不同方面。Céline 和 Thomas[②] 指出，若股市繁荣拉动更多的投资，而这些投资倾向于技能密集型的产业，则那些拥有所需技能的劳动者会获得更高的收入，从而拉开了与非技能或者拥有较少技能的劳动者的收入差距。由于财富是收入的潜在来源，快速增长的财富不平等会导致收入不平等。

以上文献在为本章就虚拟资本化对收入分配差距的影响进行实证分析提供了许多边际素材和支撑，虚拟资本市场（包括股票市场和债券市场）具有很大程度的再分配效应，与收入差距之间存在明显的正向关系。根据马克思的观点，虚拟资本在资本市场上的运动和积累，一方面获得了增殖收益，增加了虚拟资本所有者的资产收入；另一方面在参与资本市场中的主体之间产生了收入分配的机制。由于中国的资本市场发展较银行中介机构慢，且处于非主导地位，同时资本市场内部发展出现了不平衡，股票市场的发展要快于债券市场的发展，因此这两种虚拟资本市场对收入差距的影响程度是本章实证分析中需要解决的问题。

第二节　虚拟资本化与收入分配差距的实证分析：一个数理模型

对中国具体情况来说，作为虚拟资本运动和积累载体的资本市场的发展不完善，不仅表现在具体规模上，而且表现在不同的结构上，股票市场和债券市场的发展程度不一致。就股票市场内部而言，2/3 的股票为国家股和法人股，流通股的比例较低，尽管 2005 年开启了股权分置改革来破解这一困局，但仍然需要进一步改进。债券市场内部，企业债的发展规模较小，大部分能发行企业债的是大型国有企业或者央企，而中小企业几乎

---

① Thorsten Beck and Ross Levine, "Stock Markets, Banks, and Growth: Panel Data", *Journal of Banking and Finance*, Vol. 28, 2004, pp. 423–442.

② Céline Gimet and Thomas Lagoarde-Segot, "A Closer Look at Financial Development and Income Distribution", *Journal of Banking & Finance*, Vol. 35, 2017, pp. 1698–1713.

无法通过发行企业债券满足融资需求，这与国际上企业债券发行规模以及通过债券进行融资的效率的差距较大，不利于我国的资本市场的市场化发展和与国际市场接轨。国债在债券市场中处于主导地位，一方面为政府进行宏观调控和财政预算平衡提供了一种可行的经济工具；另一方面也为政府干预金融发展提供了一种外在激励。从城乡方面来看，城市与农村从资本市场获得金融服务是不同的，城市融资规模较大，融资工具（如股票和债券等）出现多元化，而农村从资本市场获得的服务较少，融资规模也较低。微观经济主体融资规模越大，能够超越自身的资金规模限制从事生产性投资（客观生产条件）或者进行人力资本投资（主观生产条件）规模就越大，从而获得经济效益和收入也越大。因此在使用资金效率相等的情况下，不同的融资规模可以带来不同的收入差距。下文借鉴 Mauricio[①] 的模型阐述了经济主体在面临不同的虚拟资本市场发展时是如何导致收入分配差距的机制的。

一　前提假设

1. 经济环境

考虑一个只生产两种产品（记为 1 和 2）的经济体，每种产品的生产需使用三种要素：资本 k、技能劳动 s 和非技能劳动 u。经济体中有三种代理人：企业、技能劳动者和非技能劳动者；假设所有的劳动者均毫无弹性地供给一单位劳动力。技能劳动者的总供给是 S，非技能劳动者的总供给是 U，技能工作者的工资是 w_s，非技能工作者的工资是 w_u；假设生产两种产品的企业也标记为 1 和 2，两种企业拥有相同的资本禀赋 A；假设经济是小型开放经济，并且两种产品的相对价格为 p_1/p_2 和资本的租金 r 给定。

两种产品的生产函数均为规模报酬不变，且均为准凹函数：

$$y_i = f_i(k_i, s_i, u_i), i \in \{1,2\} \qquad (7-1)$$

资本与技能劳动之间的替代弹性记为 σ_i^{ks}，资本与非技能劳动之间的替代弹性为 σ_i^{ku}，如果 $\sigma_i^{ku} > \sigma_i^{ks}$，则说明该企业存在资本与技能互补的生产特点。如果有 $\partial(f_s/f_u)/\partial k > 0$，则说明该生产函数 $f(\cdot)$ 具有资本与

---

① Mauricio Larrain, "Does Financial Liberalization Contribute to Wage Inequality, The Role of Capital-skill Complementarity", Columbia Business School Research Paper, No. 12/48, 2017.

技能互补的生产特点。从直观上来说，当生产函数满足这个特征的时候，说明资本存量的增加会带来技能劳动的边际产出的增加，并且大于非技能劳动的边际增加量。假设在企业 1 中资本与技能劳动互补性强于企业 2，因此有：

$$\sigma_1^{ku}/\sigma_1^{ks} > \sigma_2^{ku}/\sigma_2^{ks} \qquad (7-2)$$

2. 市场

（1）虚拟资本市场

资本租金市场在经济体中是不完善的，存在金融摩擦，这种金融摩擦在企业之间存在不对称的效应。为了区分两种企业因资本市场的发展导致的收入差距问题，这里主要研究的是工资差距，用企业从资本市场获得融资服务的不同程度来表示收入差距的金融成因，而且为了后续分析这种原因如何导致收入差距的扩大，可以认为，企业的筹资情况与其资本禀赋存量存在一个线性的乘数关系（无论股票市场还是债券市场，这种假设也是合理的，股票市场通过发行新股或者配股筹资数额也参照企业自身的资产状况和经营状况，债券市场发行债券也依靠债务主体的资本状况），这个乘数用 θ_i 来表示，因此有：

$$b_i \leqslant (\theta_i - 1)A^{①}, \text{ 并且 } \theta_i \geqslant 1 \qquad (7-3)$$

同时该乘数可以分为两个部分，即有 $\theta_i = \theta + \varepsilon_i$，其中 θ 表示一个国家经济体中金融抑制程度，表明金融发展是不完善的；ε_i 表示资本市场发展的不完善程度对不同企业的融资产生不对称的效应，并且在本书模型假设 $\varepsilon_1 < \varepsilon_2$。由于 θ 表示金融抑制程度，因此用 θ 的变化可以表示金融发展的变化，即当 $\theta \to \infty$ 表示不存在金融抑制，在这个模型中表示完美的资本市场，金融功能完善，所有的市场经济主体均能从资本市场筹措资金，以完成自己的生产性投资和人力资本投资等。而 $\theta \to 0$ 表示任何人均不能从资本市场上获得融资服务，即资本市场处于萎缩状态，无法在储蓄者和投资者之间建立投融资机制平台。$\theta = 1 - \varepsilon_i$ 表示资本市场完全关闭。假设 θ 足够小，但总比 1 大，则方程（7-3）对两个企业均有约束力，并且企业 2 对金融服务的需求较 1 小，资本与非技能劳动的互补性也较低。

---

① 在实际经济体中，两者的资本禀赋存量是不可能相等的，这里为了简单起见做这样的假设，同时主题是为了研究资本市场的发展在扩大收入差距中的作用。

（2）劳动力市场

为了简便起见，假设劳动力市场存在管制，限制非技能劳动力自由流动，而技能劳动力可以自由流动，这就意味着企业 1 和 2 的技能劳动者的工资是相等的，即有 $w_{s1} = w_{s2}$，非技能劳动力的工资是不相等的，即有 $w_{u1} \neq w_{u2}$，企业 i 的工资不平等程度定义为：

$$w_i = w_s/w_{ui} \qquad (7-4)$$

由于存在劳动力市场摩擦，有 $w_1 \neq w_2$，根据 Casas（1984）的文章，同样可以认为非技能劳动力的流动性是常数，有：

$$u_1/u_2 = (w_{u1}/w_{u2})^\psi \qquad (7-5)$$

这里 ψ 表示非技能劳动力的流动弹性，表示经济中存在劳动力流动刚性。这种假定使得模型更具有灵活性，当 $\psi = 0$ 时表示非技能劳动完全不能流动，当 $\psi \to \infty$ 表示可以完全流动。

（3）最优行为和均衡

在给定两个企业的约束条件下，每个企业的资本（资金）需求与资本禀赋存量成正比：

$$k_i = b_i + A = \theta_i A \qquad (7-6)$$

对每个企业里的技能劳动者和非技能劳动者的需求在劳动力的边际产品等于其工资上达到均衡：

$$\partial f_i(\cdot)/\partial s = w_s/p_i, \quad \partial f_i(\cdot)/\partial u = w_{ui}/p_i \qquad (7-7)$$

工资的灵活性可以保证整个劳动力需求等于每种劳动力的供给：

$$s_1 + s_2 = S \quad u_1 + u_2 = U \qquad (7-8)$$

因此，根据产品分配的欧拉定理可知：

$$k_i r_i + s_i w_s + u_i w_{ui} = p_i y_i \qquad (7-9)$$

这里 $r_i = r + \lambda_i$ 表示每个企业的边际产品，λ_i 表示在借贷约束下的拉格朗日乘子，即方程（7-2）到方程（7-6）的最优化求解过程中的乘子（详细推导过程见后面附录）。

二 结论及意义

1. 模型的主要结论

第一，就资本需求而言，企业 1 比企业 2 增加多，如下：

$$\partial(k_1/k_2)/\partial \theta > 0 \qquad (7-10)$$

金融发展能够减轻经济中的金融摩擦和约束，由于企业 1 受到的摩擦和约束比 2 大，因此政府如果采用推进资本市场发展的金融政策，这将使企业 1 所受的利益大于企业 2。结果，企业 1 增加的需求大于企业 2 增加的需求。

第二，企业 1 中的工资不平等增加比 2 多，即有：

$$\hat{\partial}(w_1/w_2)/\hat{\partial}\theta > 0 \quad (7-11)$$

对资本的需求增加会导致对技能劳动力和非技能劳动力的增加（Céline & Thomas，2011），由于企业 1 和 2 的生产函数均满足资本—劳动力互补性假设，企业 1 对技能劳动者的需求增加程度大于对非技能劳动力的需求，导致了技能型劳动者的工资增加额多于非技能劳动者，技能劳动者和非技能劳动者之间的工资性收入不平等加剧，这就产生了一种外部激励机制，因此企业 2 的技能劳动者会通过流动加入企业 1 中，由于流动性的不完全性，结果企业 1 的劳动者的收入不平等仍然大于企业 2 的劳动者。

第三，不同企业之间的工资不平等的偏微分效应随着劳动力市场的流动性的加强而下降，即有：

$$\hat{\partial}^2(w_1/w_2)/\hat{\partial}\theta\partial\psi > 0 \quad (7-12)$$

劳动力市场的流动性越好，不同企业间的相对工资的变化越小，若非技能型劳动力是完全自由流动的（如户籍制度完全放开，福利保障制度造成的隐性壁垒完全破除，只有这样才能保证劳动力是完全流动的），劳动力流动会使得两个企业的工资不平等程度相等。

第四，不同企业之间的工资收入差距是金融发展程度正函数，即 θ 越大，则工资差距也越大，说明了金融发展扩大了收入差距。用表达式表达如下：

$$(w_1/w_2) = \Omega(\cdot)\hat{\theta} \quad (7-13)$$

其中，$\Omega(\cdot) = (\theta_{u2}/\theta_{s2} - \theta_{u1}/\theta_{s1})(\lambda_{s1} - \delta\lambda_{s2})/\alpha_1 + [(\theta_{u2}/\theta_{s2} - \theta_{u1}/\theta_{s1})\beta_1/\alpha_1 - \theta_{k1}/\theta_{s1}]\xi + [(\theta_{k2}/\theta_{s2}) - (\theta_{k1}/\theta_{s1})]\zeta + (\theta_{u2}/\theta_{s2} - \theta_{u1}/\theta_{s1})(\beta_1\zeta/\alpha_1 + \gamma_1/\alpha_1)\Theta/\Lambda] > 0$

金融发展增加了企业 1 的工资不平等程度，这种程度大于企业 2 的工资不平等程度，这种结果对于企业 2 金融服务需求高和脆弱的互补性或者低的金融需求和强烈的互补性的假设也是成立的。

2. 模型的经济含义

本书的模型是一个微观模型，其结论是个人之间的工资收入与金融发展（融资）之间的正相关关系，由于融资较易的企业通过投资扩大客观生产条件会使其中的劳动者增加工资性收入，从而导致收入差距扩大。但是，它反映了中国宏观经济现实。根据本书的模型可以知道，由于 $\theta_i = \theta + \varepsilon_i$ 表示金融（如股票市场和债券市场）发展程度，其中 θ 总体表现为政府对这两个市场的干预和控制，资本市场的自由化、市场化发展还有一段路程要走，这个是今后金融体制改革的重要问题。另外，θ_i 是在不同经济结构下资本市场的金融抑制程度。对于城乡二元金融结构来说，微观经济主体如城市居民和企业从资本市场上融资较为容易，因此 ε 较小，而农民和涉农企业直接融资较为困难即 ε 较大。对于不同区域来说，东部地区金融发展程度较高，居民和企业的融资较为容易，其 ε 也较小，而中西部地区的 ε 则较大，并且西部的 ε 最大。同时可以推知，对于不同所有制的企业来说，中央企业、国有企业以及大型企业的 ε 则较小，民营企业和中小企业、乡镇企业的 ε 则较大。所以，改善资本市场金融抑制的关键一步是要破除处于融资弱势的经济主体在融资时所面对的约束，这就是该模型的全部含义。

三 附录：模型推导

由于每个企业的生产函数均为规模报酬不变，因此可以写成等产量线函数如下：

$$f_i(a_{ki}, a_{si}, a_{ui}) = 1 \quad a_{ki} = k_i/y_i \quad a_{si} = s_i/y_i \quad a_{ui} = u_i/y_i \quad (7-14)$$

因此模型中的方程（7-6）、（7-7）和（7-8）可以写成如下：

$$a_{k1}y_1 = (\theta + \varepsilon_1)A$$
$$a_{k2}y_2 = (\theta + \varepsilon_2)A$$
$$a_{s1}y_1 + a_{s2}y_2 = S$$
$$a_{u1}y_1 + a_{u2}y_2 = U \quad (7-15)$$

将其对数线性化（即先在方程两边取对数，再求导数）

$$\hat{a}_{k1} + \hat{y}_1 = \hat{\delta}_1\theta + \hat{A}$$
$$\hat{a}_{k2} + \hat{y}_2 = \hat{\delta}_2\theta + \hat{A}$$
$$\hat{\lambda}_{s1}\,y_1 + \hat{\lambda}_{s2}\,y_2 + (\hat{\lambda}_{s1}\,a_{s1} + \hat{\lambda}_{s2}\,a_{s2}) = \hat{S}$$

第七章 虚拟资本化与收入分配差距的实证检验

$$\hat{\lambda}_{u1} y_1 + \hat{\lambda}_{u2} y_2 + (\lambda_{u1} \hat{a}_{u1} + \lambda_{u2} \hat{a}_{u2}) = \hat{S} \quad (7-16)$$

其中带有^号的变量表示百分比变化, 即 i.e. $\hat{x} = dx/x$, $\delta_i = \theta/(\theta + \varepsilon_i)$, λ_{ji} 表示要素 j 分配到企业 i 中的比例, 如 $\lambda_{si} = s_i/S$, $\lambda_{j1} + \lambda_{j2} = 1$, $j \in \{s, u\}$, 令 $\delta_1 = 1$, $\delta_2 = \delta = 1$, 表示不同企业资本需求的微分增量。

模型中方程 (7-9) 每个方程的零利润条件可以写成:

$$a_{ki} r_i + a_{si} w_s + a_{ui} w_{ui} = p_i \quad (7-17)$$

其对数线性表示为:

$$\theta_{ki} \hat{a}_{ki} + \theta_{ki} \hat{r}_{ki} + \theta_{si} \hat{a}_{si} + \theta_{si} \hat{w}_s + \theta_{ui} \hat{a}_{ui} + \theta_{ui} \hat{w}_{ui} = \hat{p}_i \quad (7-18)$$

θ_{ji} 表示要素 j 被公司 i 使用的成本份额, 即有 $\theta_{k1} = r_1 a_{k1}/p_1$, 并且有 $\theta_{ki} + \theta_{si} + \theta_{ui} = 1$。

定义每个企业的单位成本函数为:

$$c_i(r_i, w_s, w_{ui}) = \min_{a_{ki}, a_{si}, a_{ui}} \{a_{ki} r_i + a_{si} w_s + a_{ui} w_{ui} \text{ s.t. } f_i(a_{ki}, a_{si}, a_{ui}) = 1\} \quad (7-19)$$

该成本函数最小化问题的一阶条件为:

$$\eta \partial f_i / \partial a_{ki} = r_i / p_i$$
$$\eta \partial f_i / \partial a_{si} = w_s / p_i$$
$$\eta \partial f_i / \partial a_{ui} = w_{ui} / p_i \quad (7-20)$$

其中 η 为单位产量函数的拉格朗日乘子。在等产量曲线中:

$$(\partial f_i / \partial a_{ki}) da_{ki} + (\partial f_i / \partial a_{si}) da_{si} + (\partial f_i / \partial a_{ui}) da_{ui} = 0 \quad (7-21)$$

对数线性上述表达式, 并使用一阶条件可以知道:

$$\theta_{ki} \hat{r}_i + \theta_{si} \hat{w}_s + \theta_{ui} \hat{w}_{ui} = \hat{p}_i \quad (7-22)$$

在存在不完美劳动力流动性的情况下, 模型中的方程 (7-5) 可以写成:

$$a_{u1} y_1 / a_{u2} y_2 = \kappa (w_{u1}/w_{u2})^\psi \quad (7-23)$$

上述方程的对数线性化可以表示成:

$$(\hat{a}_{u1} - \hat{a}_{u2}) + (\hat{y}_1 - \hat{y}_2) = \psi(\hat{w}_{u1} - \hat{w}_{u2}) \quad (7-24)$$

利用谢泼德引理可以知道, 最优需求函数可以写成:

$$a_{ki} = c_i^k(\cdot), \quad a_{si} = c_i^s(\cdot), \quad a_{ui} = c_i^u(\cdot) \quad (7-25)$$

在这里, $c_i^j(\cdot) = \partial c_i / \partial p_j$, 其中 $j \in \{k, s, u\}$, 并且 p_j 表示要素 j 的价格的简单表示, 对数线性化上述系统得到:

$$\hat{a}_{ki} = (r_i c_i^{kk}/c_i^k) \hat{r}_i + (w_{si} c_i^{ks}/c_i^k) \hat{w}_s + (w_u c_i^{ku}/c_i^k) \hat{w}_{ui}$$

$$\hat{a}_{si} = (r_i c_i^{sk}/c_i^s)\hat{r}_i + (w_{si} c_i^{ss}/c_i^s)\hat{w}_s + (w_u c_i^{su}/c_i^s)\hat{w}_{ui}$$

$$\hat{a}_{ui} = (r_i c_i^{uk}/c_i^u)\hat{r}_i + (w_{si} c_i^{us}/c_i^u)\hat{w}_s + (w_u c_i^{uu}/c_i^u)\hat{w}_{ui} \quad (7-26)$$

在这里，$c_i^{jl}(\cdot) = \partial c_i^j/\partial p_l$，$j, l \in \{k, s, u\}$，给定成本函数 $c_i(\cdot)$ 是线性同质的，$c_i^j(\cdot)$ 是零阶同质的，因此有

$$r_i c_i^{kk}(\cdot) + w_s c_i^{ks}(\cdot) + w_{ui} c_i^{ku}(\cdot) = 0$$

$$r_i c_i^{sk}(\cdot) + w_s c_i^{ss}(\cdot) + w_{ui} c_i^{su}(\cdot) = 0$$

$$r_i c_i^{uk}(\cdot) + w_s c_i^{us}(\cdot) + w_{ui} c_i^{uu}(\cdot) = 0$$

$$\sigma_i^{hm} = c_i(\cdot) c_i^{hm}(\cdot)/c_i^h(\cdot) c_i^m(\cdot) \quad h, m \in \{k, s, u\}$$

$$\hat{a}_{ki} = \theta_{si}\sigma_i^{ks}(\hat{w}_s - \hat{r}_i) + \theta_{ui}\sigma_i^{ku}(\hat{w}_{ui} - \hat{r}_i)$$

$$\hat{a}_{si} = \theta_{ki}\sigma_i^{ks}(\hat{r}_i - \hat{w}_s) + \theta_{ui}\sigma_i^{su}(\hat{w}_{ui} - \hat{w}_s)$$

$$\hat{a}_{ui} = \theta_{ki}\sigma_i^{ku}(\hat{r}_i - \hat{w}_{ui}) + \theta_{si}\sigma_i^{ku}(\hat{w}_s - \hat{w}_{ui})$$

$$(w_1/w_2) = \hat{w}_s - \hat{w}_{u1} - (\hat{w}_s - \hat{w}_{u2}) = \hat{w}_{u1} - \hat{w}_{u2} \quad (7-27)$$

由上述可以得到一个关于工资不平等性的封闭解为：

$$(w_1/w_2) = \Omega(\cdot)\theta \quad (7-28)$$

其中

$$\Omega(\cdot) = (\theta_{u2}/\theta_{s2} - \theta_{u1}/\theta_{s1})(\lambda_{s1} - \delta\lambda_{s2})/\alpha_1 +$$
$$[(\theta_{u2}/\theta_{s2} - \theta_{u1}/\theta_{s1})\beta_1/\alpha_1 - \theta_{k1}/\theta_{s1}]\xi +$$
$$[(\theta_{k2}/\theta_{s2}) - (\theta_{k1}/\theta_{s1})\zeta + (\theta_{u2}/\theta_{s2} - \theta_{u1}/\theta_{s1})$$
$$(\beta_1\zeta/\alpha_1 + \gamma_1/\alpha_1)\Theta/\Lambda] > 0$$

$$\xi = [(\lambda_{u1} - \delta\lambda_{u2})\alpha_1 - (\lambda_{s1} - \delta\lambda_{s2})\alpha_2]/(\beta_1\alpha_2 - \beta_2\alpha_1)$$

$$\zeta = (\gamma_2\alpha_1 - \gamma_1\alpha_2)/(\beta_1\alpha_2 - \beta_2\alpha_1)$$

$$\alpha_1 = (\lambda_{s1}\theta_{u1}\sigma_1\theta_{s2} - \lambda_{s2}\theta_{k2}\sigma_2\theta_{u2})/\theta_{u2}$$

$$\beta_1 = \lambda_{s1}\theta_{u1}\sigma_1$$

$$\gamma_1 = (\lambda_{s2}\sigma_2\theta_{s2} + \lambda_{s2}\sigma_2\theta_{k2}(\theta_{s2} + \theta_{k2}))/\theta_{s2}$$

$$\alpha_2 = \lambda_{s1}\theta_{u1}\sigma_1 + \lambda_{u1}\theta_{k1}\sigma_1 + \lambda_{u2}\theta_{k2}\sigma_2$$

$$\beta_2 = \lambda_{u1}\theta_{u1}\sigma_1 + \lambda_{u1}\theta_{k1}\sigma_1$$

$$\gamma_2 = \lambda_{u2}\sigma_2 + \lambda_{u2}\sigma_2\theta_{k2}$$

$$\alpha_3 = [\psi(\theta_{u2}\theta_{s1} - \theta_{u1}\theta_{s2}) + \theta_{u1}\sigma_1\theta_{s2}\theta_{s1} + \theta_{k2}\sigma_2\theta_{u2}\theta_{s1}]/\theta_{s2}\theta_{s1}$$

$$\beta_3 = (\psi\theta_{k1} + \theta_{u1}\sigma_1\theta_{s1})/\theta_{s1}$$

$$\gamma_3 = [\psi\theta_{k2} + \sigma_2\theta_{s2} + \theta_{k2}\sigma_2(\theta_{s2} + \theta_{k2})]/\theta_{s2} \quad (7-29)$$

第三节　虚拟资本化与收入分配差距的实证检验
——基于 VAR 的分析

一　计量模型设定

关于资本市场发展对收入差距的影响，上述基础理论模型已经进行了阐释，对于两者之间的动态关系，可以使用向量自回归模型（即 VAR）进行计量分析，以进一步研究在中国的现实条件下，资本市场在多大程度上影响收入差距。VAR 模型的一般设定为：

$$y_t = A_1 y_{t-1} + A_2 y_{t-2} + \cdots + A_p y_{t-p} + B x_t + \varepsilon_t, \ t = 1, 2, \cdots, T \quad (7-30)$$

其中，y_t 为 k 维内生矢量，x_t 为 d 维外生矢量，p 为滞后阶数，T 为样本量。A_1、A_2 以及 A_p 为 $k \times k$ 维矩阵，B 是要估计的 $k \times d$ 维系数矩阵。ε_t 是 k 维误差矢量。式（7-30）用矩阵可以表示如下：其中 $t = 1, 2, \cdots, T$。

二　模型变量、数据及统计分析

1. 模型变量及数据

本模型中包含 3 个变量，时间选取范围为 1991—2018 年。其中以城乡收入差距为居民收入差距的代表，用城镇人均可支配收入与农村人均纯收入的比值 srb 计算，城镇人均可支配收入与农村人均纯收入来自历年《中国统计年鉴》；equity 表示我国虚拟资本市场中股票市场发展程度，其中包含有 A、B 股，用 A 股和 B 股的总市值除以 GDP 来表示；bond 表示我国虚拟资本市场中债券市场的发展程度，其中包含国债、金融债和企业债，由于企业债券的数据在 2000—2004 年缺失，并且企业债券规模在我国债券市场中占比并不高，因此，债券市场的发展程度用国债期末余额和金融债券期末余额之和与国内生产总值（GDP）来表示，由于金融债期末余额没有现成的数据，可以用金融债当期的发行额减去兑付额获得；股票总市值、国债额以及金融债的发行额和兑付额的数据均来源于中国经济与社会发展统计数据库。

2. 数据的描述性统计，其结果见表 7-1。

表7-1　　　　　　　　　VAR模型各变量的统计描述

变量	平均值	中位数	最大值	最小值	标准差
bond	0.133	0.150	0.220	0.040	0.059
equity	0.013	0.010	0.034	0.000	0.009
srb	2.931	2.900	3.330	2.400	0.317

资料来源：笔者自行计算。

三　模型检验

1. 单位根检验

在进行计量模型之前，需对因变量和自变量的数据进行单位根检验，以防止模型中出现"伪回归"现象。如果模型中所涉及的变量不满足平稳性的要求，则继续对原始数据的差分形式进行单位根检验，直到出现平稳为止。在本章中，对收入差距srb、股票市场发展程度equity和债券市场发展程度bond进行单位根检验如表7-2所示。结果表明，这三种变量均是一阶单整 [即I (1)]，符合下一步进行Johansen协整的基本前提。

表7-2　　　　　　　　　　　单位根检验

变量	类型	ADF	5%临界值	概率	DW	结论
bond	(C, 0, 1)	-1.34	-3.03	0.5886	2.05	非平稳
Δ bond	(C, T, 1)	-4.37	-3.69	0.0145	2.22	平稳
equity	(0, 0, 1)	-0.80	-1.96	0.3561	2.10	非平稳
Δ equity	(0, 0, 1)	-2.38	-1.96	0.0206	1.83	平稳
srb	(C, T, 2)	-3.38	-3.67	0.4864	1.81	非平稳
Δ srb	(0, 0, 1)	-3.60	-1.96	0.0012	1.84	平稳

注：关于检验类型中的C、T和L分别表示被检验变量的截距项、趋势项和滞后项。
资料来源：笔者自行整理。

2. Johansen-Juselius 协整检验

Johansen (1988) 和 Juselius (1990) 提出的一种以VAR模型为基础的检验回归系数的方法，它是用来检验多个变量 (或者向量) 的一种有效方法。分为两种方法，特征根迹检验 (trace检验) 和最大特征值检验 (λ - max 检验)。

特征根迹检验的原理：由r个最大特征根可以得到r个协整向量，而对于剩下的$k-r$个非协整组合来说，即有$\lambda_{r+1},\lambda_{r+2},\cdots,\lambda_k$均为0。因此有原假设$H_{r0}$、备择假设$H_{r1}$：

$$H_{r0}:\lambda_r > 0, \lambda_{r+1} = 0$$
$$H_{r1}:\lambda_{r+1} > 0, r = 0,1,\cdots,k-1 \qquad (7-31)$$

相应的检验统计量为:

$$\eta_r = -T\sum_{i=r+1}^{k}\ln(-\lambda_i)$$
$$r = 0,1,\cdots,k-1 \qquad (7-32)$$

最大特征值检验的原理：原假设有 $k-r$ 个单位根，即有 r 个协整关系，而备择假设有 $k-r-1$ 个单位根，因此有：

$$H_{r0}:\lambda_{r+1} = 0$$
$$H_{r1}:\lambda_{r+1} > 0, r = 0,1,\cdots,k-1 \qquad (7-33)$$

相应的检验统计量为：

$$\xi_r = -T\ln(1-\lambda_{r+1}) \qquad (7-34)$$

其中 ξ_r 成为最大特征根统计量。检验从最小的 ξ_0 开始进行。

若 $\xi_0 <$ 临界值，则接受 H_{00}，无协整向量。

若 $\xi_0 >$ 临界值，则拒绝 H_{00}，至少有一个协整向量，即存在协整关系，协整组合至少有一个。

本章 VAR 模型的 J-J 协整检验的结果如表 7-3、表 7-4 所示。

表 7-3　　　　　**特征根迹统计量的协整检验**

原假设不存在协整关系	特征根	迹统计量	0.05 临界值	Prob 值
None	0.728540	41.57792	29.79707	0.0014
At most 1	0.541625	16.80306	15.49471	0.0316
At most 2	0.099048	1.981771	3.841466	0.1592

资料来源：笔者自行整理。

表 7-4　　　　　**最大特征值统计量的协整检验**

原假设不存在协整关系	特征根	最大特征值统计量（Max-Eigen）	0.05 临界值	Prob 值
None	0.728540	24.77486	21.13162	0.0147
At most 1	0.541625	14.82129	14.26460	0.0407
At most 2	0.099048	1.981771	3.841466	0.1592

资料来源：笔者自行整理。

从表 7-3、表 7-4 中可以看出，特征根迹统计量的协整检验结果表明存在协整关系，而且存在 2 个协整关系，最大特征值统计量的协整检验结果也表明存在协整关系，而且也存在 2 个协整关系。因此，表明收入差距 srb 与股票市场的发展程度 equity、债券市场发展程度 bond 之间存在协整关系，因此可以进一步做格兰杰因果关系检验。

3. 格兰杰（Granger）因果检验

格兰杰因果检验是 Granger（1969）和 Sims（1972）提出的检验变量之间是否存在因果关系的方法。对本书的变量进行格兰杰因果关系检验，可得到如下表 7-5 所示结果。

表 7-5　股票市场、债券市场与城乡收入差距的格兰杰因果检验

零假设	F 统计量	P 值	结论
srb does not Granger Cause bond	1.11235	0.3582	接受
bond does not Granger Cause srb	4.39194	0.0349	拒绝
equity does not Granger Cause bond	0.00155	0.9985	接受
bond does not Granger Cause equity	0.63776	0.5442	接受
equity does not Granger Cause srb	2.79615	0.0977	拒绝
srb does not Granger Cause equity	1.10929	0.3591	接受

资料来源：笔者自行整理。

从表 7-5 可以看出，在 10% 的显著性水平下，bond 和 equity 在格兰杰意义上是 srb 的格兰杰因，bond 和 equity 之间互相无格兰杰因果关系，同时 srb 在格兰杰意义上既不是 bond 的格兰杰因，也不是 equity 的格兰杰因。表 7-5 中的格兰杰因果检验结果表明股票市场的发展和债券市场的发展均是城乡收入差距变大的格兰杰因。鉴于当前我国城乡金融资源的分布不合理，金融资源向城市集中，资本市场在农村的发展处于式微状态，影响了农村微观经济主体在资本市场上通过直接融资获得资金进行后续投资的机会，从而影响了农村的客观生产条件和主观生产条件的规模，使得城乡收入差距由于生产条件的规模不同而出现并持续扩大。

4. 滞后阶数的确定

在进行 VAR 模型的构建之前，应该确定模型的滞后阶数。由表 7-6 可知，最佳滞后阶数为 1。因此本书的 VAR 模型的滞后阶数为 1。

表 7-6　　　　　　　　VAR 模型滞后阶数的确定

Lag	LogL	LR	FPE	AIC	SC	HQ
0	17.931	NA	0.000	-1.659	-1.511	-1.639
1	57.688	61.844	0.000	-5.076	-4.483	-4.885
2	66.212	10.419	0.000	-5.024	-3.985	-4.488

资料来源：笔者自行整理。

5. VAR 模型的稳定性检验

由 srb、equity 和 bond 组成的 VAR 系统的稳定性检验见表 7-7。

表 7-7　　　　　　　　VAR 系统的稳定性检验结果

Root	Modulus
0.911922	0.911922
0.677786 - 0.528013i	0.859181
0.677786 + 0.528013i	0.859181
0.076180 - 0.667274i	0.671608
0.076180 + 0.667274i	0.671608
-0.310349	0.310349

由此可以看出，系统的根的模的倒数均在单位圆内，说明该建立的系统满足稳定性条件，即所建立的模型具有可靠性。

资料来源：笔者自行整理。

四　模型结果分析

1. 本章建立的 VAR 模型

由上述表达式可知，股票市场的发展和债券市场的发展对城乡居民收入差距有较大影响，其中，股票市场发展（equity）的滞后 1 期变量对收入差距具有负向效应，每增加 1 个单位导致收入差距变动 0.802 个单位，另外债券市场发展（bond）的滞后 1 期变量对城乡收入差距具有正向效应，每增加 1 个单位导致城乡收入差距变动 4.910 个单位，表明债券市场的发展对收入差距的效应大于股票市场的发展，对这个原因的分析可以结合第四章国债运动与收入分配的论述。国债的运动和积累在对收入差距的直接作用上要强于股票市场，其背后的含义是国债是政府主导发行的，以权威和国家信用介入宏观收入分配格局中的力量更为直接,而股票市场的发行虽然主要是国有企业发行的,在改变收入分配格局的直接作用上较国家弱,另外中国的股票市场发展存在一些不规范的地方,广大居民以及投资散户在股票市场中的收益较低,甚至亏本,使 equity 对收入差距的作用为负。

2. 脉冲响应分析

根据上述 VAR 模型做脉冲响应分析,是为了得到城乡居民收入差距、股票市场的发展和债券市场发展之间的相互冲击动态响应路径。在这里,为了研究的需要,只需要分析城乡收入差距对股票市场发展和债券市场发展的动态响应路径。脉冲响应函数(Impulse Response Function)可以测度随机干扰项的一个标准差冲击对 VAR 系统中内生变量当前值和未来值的影响程度。

根据图 7-1 可知,城乡收入差距(srb)对自身一个单位标准差的扰动尽管存在一定程度的波动性,但呈现出显著的正向效应。在第 1 期,城乡收入差距对自身一个单位标准差的反应为 0.377,在第 2 期降为为 0.014,在第 3—10 期均为负数,但反应较弱。在整个分析期之内(本次选择期限为 10),城乡收入差距对自身一个单位标准差的反应为 0.203,因此收入差距受到自身冲击的影响比较大。

城乡收入差距(srb)对股票市场发展(equity)一个单位的标准差的扰动的反应较弱,并在第 1 期内无反应。这与前面 VAR 系统估计的系数是相吻合的。根据 10 期的综合结果可知,这个反应系数为 0.012。

城乡收入差距(srb)对债券市场发展(bond)一个单位的标准差的扰动的反应较强,也是与 VAR 系统估计的系数 4.910 较为显著相吻合。在第 1 期内,城乡收入差距的反应为 0。从第 2 期增加到 0.058,并且从这以后一直递减到第 10 期的 0.036,因此可以得知在整个分析期(10 期)内,债券市场发展的一个单位标准差的扰动对城乡收入差距的影响为 0.417,因此债券市场的发展对城乡收入差距的影响很显著,高于股票市场发展的影响力。

3. 预测方差分解

为了进一步分析城乡收入差距、股票市场发展和债券市场发展之间的相互关系,尤其是分析股票市场的发展和债券市场的发展对收入差距的效应,可以对上述的 VAR(1)进行方差分解技术分析。方差分解技术是将 VAR 系统中的每个内生变量的波动按照原因分解为与各个方程相关联的

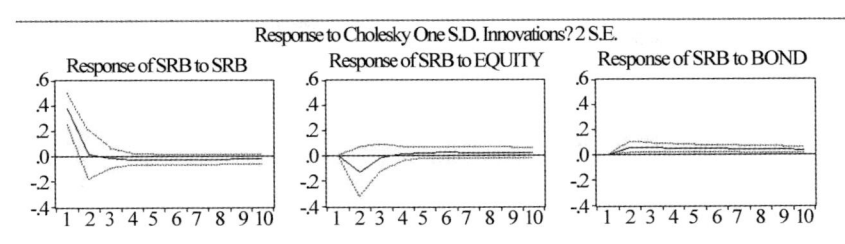

图 7-1　收入差距对变量一个单位扰动的脉冲响应路径

资料来源：笔者自行整理。

N 个组成部分，进而了解各新息对模型内生变量的相对重要性。根据图 7-1 可以知道，城乡收入差距（srb）在第 1 期只受自身的影响。因此股票市场发展（equity）和债券市场发展（bond）对 srb 的影响或者说对预测误差的贡献度（预测方差的分解值）为 0。从第 2 期开始，两者的贡献度分别为 9.83% 和 2.14%，累计为 11.97%。随后，两者的预测分解值缓慢增加，并且均在第 10 期达到各自的最大值 10.43% 和 10.64%，因此可以认为包括股票市场和债券市场的资本市场的发展对城乡收入差距具有明显的影响，并且债券市场的影响更大。

无论是从 VAR 模型的估计系数，还是从脉冲响应函数和方差分解技术来看，资本市场的发展或者说虚拟资本化的运动和积累对中国城乡收入差距的影响是不可忽视的，其中债券市场发展的系数表明它扩大了收入差距，而股票市场的发展缩小了收入差距，并且债券在运动和积累中对收入差距的影响高于股票市场，从而使得资本市场的发展对收入差距的影响为正数，即扩大了居民收入差距。

第四节　本章小结

本书在前人关于资本市场与收入分配差距实证研究的文献基础上，以股票市场和债券市场为虚拟资本市场的代表，就虚拟资本化的收入分配差距效应进行了数理分析和计量分析。结果发现，虚拟资本市场的发展程度决定了劳动者的融资约束进而导致收入存在差距，同时计量结果表明债券这一虚拟资本的表现形式在拉大收入差距上强于股票，因此虚拟资本市场应该在缓解收入差距和发展上取得平衡进而起到收入再分配再调节的作用。

第八章

结　语

第一节　本书的主要研究结论

本书的核心问题是金融发展如何导致以及在多大程度上导致居民收入分配差距。关于金融发展与收入分配、收入差距的话题，前人已有研究，大部分是基于西方金融发展理论。而本书则运用马克思主义政治经济学的理论和方法，并适度结合西方金融发展理论，对中国当前居民收入差距的金融成因进行了理论分析和实证检验。

马克思在《资本论》第三卷中阐述了金融资本的形成、运动和积累过程，本书试图对这一理论进行了系统化的梳理，形成了马克思的金融发展理论，结合列宁、希法亭的金融资本理论，西方学者的金融发展观并根据我国金融发展的新情况提出了本书的研究框架。

运用马克思的金融发展理论对中国当前金融发展的特征进行界定，认为货币化、货币资本化和虚拟资本化的特征能较为完全地描述中国金融发展的面貌。同时构建一个包含城乡收入差距与货币化、货币资本化和虚拟资本化的灰色关联模型，发现了中国金融发展中货币资本化、货币化与城乡收入差距之间的关联度为 0.55，虚拟资本化与城乡收入差距之间的关联度为 0.69，可以粗略认为中国货币资本化在拉大城乡收入差距方面不如虚拟资本化。

政府通过主导金融体制改革直接对金融发展施加影响。政府基于自身的效用函数、经济理性等考量通过存款准备金率、存贷差和信贷等方式干预银行中介机构的发展，同时干预股票市场和债券市场，此外通过发行国债参与到宏观收入分配中，由此对居民收入分配产生了间接作用和直接作用。

金融发展对收入差距直接产生作用，这不仅表现在金融发展过程中规模总量扩大以及金融资产交易带来的收入差距效应，而且表现在金融功能与收入分配和收入差距的天然联系上。同时，金融发展的稳定性与脆弱性也对收入分配格局和收入差距产生了重要影响。另外，金融发展通过影响客观生产条件和主观生产条件进而导致因生产条件不同而带来收入差距，这是金融发展的间接效应。

鉴于各省货币资本化载体发展不平衡的差异性，构建了省际面板计量模型研究了货币资本化与收入分配差距之间的关系，发现部分地区货币资本化扩大了收入分配差距，有的地区则相反，甚至一部分地区存在两者关系不明显的情况。

虚拟资本的不同之处在于它不像货币资本那样承载于某一具体的金融机构，而是在全国范围内流动，因此中国虚拟资本化与收入分配差距之间的实证分析就着眼于全国而不是省际。构建一个包括虚拟资本市场发展与收入差距的数理模型，分析表明不同企业通过资本市场所获融资会导致劳动力工资性收入出现差距，同时 VAR 模型的计量分析认为债券市场的发展在拉大城乡收入差距方面要强于股票市场的发展。

第二节 缩小收入分配差距的金融政策内涵

一 转变政府角色定位

金融市场化的路径应该逐渐占据主导地位。党的十八大报告中指出："让市场在资源配置中起主导作用"，在金融领域里的要旨就是让金融发展形成市场化路径，而这就要求政府改变原先的角色定位，逐步向公共服务型和市场增进型的政府转变。这一方面有助于转变政府职能，让政府在金融发展的过程中起到维护宏观经济稳定，维持市场秩序以及提供关乎国计民生的社会保障和公共服务的作用；另一方面也消除了政府过度介入经济导致的因产业结构扭曲带来的就业问题和居民增收情况。造成就业机会分布不均，进而拉大了居民间的收入差距。根据 1995—2004 年的数据显示，我国小企业从 183 万家减少到 135 万家，就业人数从 7900 万人剧减到 5800 万人。在此期间，大中型企业的产值在整个国家工业总产值中的占比从 43.6% 跃至 60.0%，而就业占比从 33.0% 上升 4.7 个百分点。[①]

二　推进完善存贷款利率市场化进程

2013 年金融机构的贷款利率管制被放开，形成了贷款利率市场化的金融发展格局。存款利率与贷款利率之间的差额涉及居民、企业与银行之间的利益和收入分配问题，因为存款利率既是银行经营货币资本的主要成本和负债，又是居民的货币性收入。存款利率处于管制之中，使居民的货币性收入在以储蓄为主要金融资产的背景下没有得到应有的实现，因此存在企业和银行变相占据居民货币性收入的现象，不利于形成完善居民的收入分配机制。

而存款利率的市场化是利率市场化和金融市场化最重要的里程碑，也是一项具有难度的金融体制改革。当前中国依然是转轨经济，国有银行还存在一定的财务软约束，存款利率的市场化对于银行中介机构转换经营模式、优化治理结构以及明晰产权结构具有重要的影响，同时也对中央银行货币政策的传导机制及其稳定性产生影响，对于培育银行中介机构的公平竞争，维护居民的储蓄收益以及推进金融创新和进一步的金融发展来说具有重要的意义。应该继续按照"摸着石头过河"的指导思想稳步推进，在已有的经济基础上，可以采用先外币后本币、先长期后短期、先大额后小额的顺序推进。根据宏观审慎管理的金融监管要求，先解决银行中介机构的预算软约束问题，将那些预算软约束的机构的存款利率定价权暂时不下放，避免产生高息揽存破坏市场价格秩序的问题。同时对符合规定预算硬约束的金融中介机构的处于存款利率上下游的金融产品的利率进行市场化定价，最终形成存款利率市场化的局面。

在已有的利率市场化改革成果的基础上，进一步完善优化 LPR 报价机制以及市场化利率和存贷款基准利率"两轨并一轨"的机制，使得以银行为载体的货币资本的运动、积累和增殖的梗阻被打通，从而使得各个资本所有者的收益分配更趋于合理和公平。

三　进一步健全金融组织体系

中国的金融组织体系存在发展不健全的问题，主要表现在国有企业、

[①] 王小鲁、樊纲：《经济危机、凯恩斯主义与中国的结构失衡》，载《全球金融危机下的中国：经济、地缘政治和环境的视角》，社会科学文献出版社 2010 年版，第 127 页。

大中型企业与中小企业、民营企业、涉农企业的融资难度对比上。由于国有企业和大中型企业在融资方面具有比较优势，很容易从国有银行等金融机构获取所需信贷资金，而中小型企业、民营企业、涉农企业等主体所面临的金融资源和金融服务供给较少，而且质量也不高，这两类企业在融资上的差异也暴露了金融发展的不平衡。这些企业融资难的问题在很大程度上影响企业的发展以及该企业员工的收入。因此，应该进一步健全金融组织体系。

除了进一步加快国有银行等金融中介机构的改革外，应发展多种形式的金融中介机构健全金融组织体系，以满足不同层次、不同规模和不同地域的企业的融资需求。对民营经济应该放开金融业的大门，放松金融市场严格准入制度，建立扩大并完善适应中小企业和民营企业的小银行、社区银行、微银行等金融机构体系，降低中小企业和民营企业的融资难度，从而对于扩大就业和增加居民收入具有重要的意义。

鼓励发展农村商业银行、农村信用合作社、资金互助社、村镇银行以及小额贷款公司等，加大对涉农领域和对涉农企业的信贷力度，从而在增量意义上带动农村经济的发展和增加农民收入，进而让农民有剩余资金投放在主观生产条件的培育上，从而形成由主观生产条件增加带来收入增加的良性轨道。具体指导思想上可以让政府在早期进行引导发展，必要时可主导发展，待到一定程度政府须放开引导，让这些增量金融中介机构在市场中培育和发展，以形成合理的金融组织体系。在吸收借鉴外国（如印度、孟加拉国）经验的基础上可以大力发展中国的小额贷款公司，并形成一定的小额贷款公司融资平台体系。因此，进一步健全金融组织体系，扩大金融机构对低收入人群的信贷规模，并鼓励和引导他们从事生产条件上的投资，对于改善收入分配、缩小收入差距具有重要的作用。

第三节　本书研究的进一步展望

第一，本书借助马克思金融资本形成和发展的脉络归纳出马克思的金融发展理论，随着经济、金融的全球化和一体化，金融资本的运动范围已经越出一国形成了国际金融资本，其运动形式和增殖形式与国内金融资本相比呈现出不同的特征，所以一旦将国际金融资本的形式融入本书中的实证检验中，会与本书已有的结论有所不同。另外，美元与黄金脱钩成为金融霸权以及新自由主义的抬头占主导地位，国际金融资本已经发展成为国际垄断金融资本，如何测度国际垄断金融资本的运动和积累对国内居民收入分配差距的影响是一个值得研究的课题。美元由于具备国际储藏货币的特征，国际贸易是以美元为价值载体的，美国通过简单的印刷美元钞票的方式获取了国际上的剩余价值，也就是说美元资本以及以美元为计价和积累具备最纯粹的形式，即 $G-G'$，直接脱离实体经济进行自我增殖，从而使国内居民的收入分配格局被纳入全球框架中。

第二，随着信息技术、计算机通信技术的发展，出现了不同于银行中介机构的间接融资，也不同于资本市场的直接融资的第三种融资方式——互联网金融，借助网络技术和民众力量的互联网金融在很大程度上改变了收入分配格局，也改变了收入差距。

第三，中国金融发展中的虚拟资本化存在虚拟资本的二次方、三次方问题等金融创新问题，如证券化资产和各类证券基金、期权、期货、互换和远期等已经逐步发展起来，但由于系统性数据可得性问题，在本书中没有对这些虚拟资本与收入差距的关系进行实证检验，这是笔者今后研究的重要方向之一。

主要参考文献

陈志勇：《公债学》，中国财政经济出版社 2007 年版。

李扬、王国刚：《中国金融改革开放 30 年研究》，经济管理出版社 2008 年版。

列宁：《列宁全集》，中央编译局编译，人民出版社 1990 年版。

马克思、恩格斯：《马克思恩格斯文集》（第 7 卷），人民出版社 2009 年版。

马克思、恩格斯：《资本论》（第三卷），人民出版社 2004 年版。

王锦慧：《开放条件下的金融效率与经济增长》，经济科学出版社 2011 年版。

王小鲁、樊纲：《经济危机、凯恩斯主义与中国的结构失衡》，载《全球金融危机下的中国：经济、地缘政治和环境的视角》，社会科学文献出版社 2010 年版。

杨旭：《中国渐进改革中的金融控制——基于金融史视角》，经济科学出版社 2012 年版。

张杰：《制度、渐进转轨与中国金融改革》，中国金融出版社 2001 年版。

张杰：《中国金融制度的结构与变迁》，中国人民大学出版社 2011 年版。

中央编译局：《马克思恩格斯选集》（第三卷），人民出版社 1995 年版。

［奥］鲁道夫·希法亭：《金融资本》，华夏出版社 2010 年版。

［美］道格拉斯·C. 诺思：《经济史中的结构与变迁》，陈郁、罗华平译，上海人民出版社 1994 年版。

［美］雷蒙德·W. 戈德史密斯：《金融结构和金融发展》，周朔译，上海三联书店 1990 年版。

［美］亚当·斯密：《国民财富的性质和原因的研究》，郭大力、王亚楠

译，商务印书馆 1972 年版。

［美］约翰·G. 格利、爱德华·S. 肖：《金融理论中的货币》，上海三联书店 1994 年版。

［美］兹维·博迪、罗伯特·C. 莫顿：《金融学》，伊志宏等译，中国人民大学出版社 2007 年版。

［日］青木昌彦、金滢基、奥野-藤原正宽：《政府在东亚经济发展中的作用——比较制度分析》，张春霖等译，中国经济出版社 1998 年版。

陈伟国、樊士德：《金融发展与城乡收入分配的库兹涅茨效应研究——基于中国省级面板数据的检验》，《当代财经》2009 年第 3 期。

陈享光、孙科：《转移性收入的城乡不平衡问题研究》，《教学与研究》2013 年第 6 期。

陈享光：《论建立公平与效率协调统一的收入分配制度》，《经济理论与经济管理》2013 年第 1 期。

丁忠民、朱晓姝：《金融发展与城乡居民收入差距的实证研究》，《贵州财经大学学报》2016 年第 4 期。

方文全：《中国收入差距与金融发展关系的实证分析》，《江淮论坛》2006 年第 1 期。

洪雪峰、王志江：《中国收入差距与金融发展的实证分析》，《统计与决策》2009 年第 2 期。

胡月、刘文朝：《财政分权、金融发展与城乡收入差距》，《区域金融研究》2012 年第 4 期。

胡宗义、刘亦文：《金融非均衡发展与城乡收入差距的库兹涅茨效应研究——基于中国县域截面数据的实证分析》，《统计研究》2015 年第 5 期。

贾健、徐展锋、葛正灿：《城乡居民收入差距与金融非均衡发展关系研究》，《区域金融研究》2012 年第 3 期。

解栋栋：《金融发展不平衡与城乡收入差距关系的经验研究》，《世界经济情况》2008 年第 7 期。

李成：《利差演进、利差层次与中国利差结构分析》，《金融论坛》2004 年第 6 期。

李志军、奚君羊：《中国金融发展与收入差距的倒 U 关系分析》，《上海经济研究》2012 年第 9 期。

刘敏楼:《金融发展的收入分配效应——基于中国地区截面数据的分析》,《上海金融》2006年第1期。

孟亚强、赵石磊:《城乡分割、收入不平等与金融发展——基于中国1978—2006时间序列数据的实证研究》,《产业经济研究》2008年第5期。

潘成夫:《我国金融发展与收入分配关系问题分析》,《南方金融》2004年第4期。

乔海曙、陈力:《金融发展与城乡收入差距"倒U型"关系再检验——基于中国县域截面数据的实证分析》,《中国农村经济》2009年第7期。

冉光和、鲁钊阳:《金融发展、外商直接投资与城乡收入差距——基于我国省级面板数据的门槛模型分析》,《系统工程》2017年第7期。

苏基溶、廖进中:《中国金融发展与收入分配、贫困关系的经验分析》,《财经科学》2009年第12期。

孙君、张前程:《中国城乡金融不平衡发展与城乡收入差距的经验分析》,《世界经济文汇》2012年第3期。

孙亮、尹洁:《金融发展与居民收入差距的互动传导机制研究——以上海为例》,《经济管理》2009年第11期。

孙永强:《金融发展、城市化与城乡收入差距研究》,《金融研究》2012年第4期。

孙永强:《金融发展、对外开放与城乡收入差距——基于1978—2008年省际面板数据的实证分析》,《金融研究》2011年第1期。

唐礼智、刘喜好、贾璇:《我国金融发展与城乡收入差距的实证研究》,《农业经济问题》2008年第11期。

王颖华、王静:《金融发展与居民收入差距的关系研究》,《广西社会科学》2013年第5期。

王子敏:《经济增长过程中的金融发展与城乡收入差距——基于省际面板数据的空间计量》,《南京邮电大学学报》(社会科学版)2012年第6期。

温涛、冉光和、熊德平:《中国金融发展与农民收入增长》,《经济研究》2005年第9期。

吴拥政、陆峰:《区域金融发展与城乡收入分配差异变化:是倒U还是U?——基2005—2009年样本县市数据与非参数检验方法》,《区域金融研究》2012 年第 4 期。

杨俊、李晓羽、张宗益：《中国金融发展水平与居民收入分配的实证分析》，《经济科学》2006 年第 2 期。

杨瑞龙、杨其静：《阶梯式的渐进制度变迁模型——再论地方政府在我国制度变迁中的作用》，《经济研究》2000 年第 3 期。

杨瑞龙：《我国制度变迁方式转换的三阶段论——兼论地方政府的制度创新行为》，《经济研究》1998 年第 1 期。

姚耀军：《金融发展与城乡收入差距关系的经验分析》，《财经研究》2005 年第 2 期。

尹希果、陈刚、程世骑：《中国金融发展与城乡收入差距关系的再检验——基于面板单位根和 VAR 模型的估计》，《当代经济科学》2007 年第 1 期。

袁玉军、王静：《金融发展与城乡收入差距关系的实证分析》，《云南财经大学学报》2012 年第 4 期。

张杰：《政府的市场增进功能与金融发展的中国模式》，《金融研究》2008 年第 11 期。

张立军、湛泳：《我国金融发展与城镇居民收入差距的关系》，《财经论丛》2005 年第 2 期。

张文、许林、骆振心：《金融发展与收入分配不平等：回到 G—Z 假说》，《当代财经》2010 年第 11 期。

张中锦：《金融发展效应、收入增长与城乡差距》，《中国经济问题》2011 年第 7 期。

章奇、刘明兴、陶然：《中国的金融发展与城乡收入差距关系的再检验——基于面板单位根和 VAR 模型的估计》，《当代经济科学》2007 年第 6 期。

Abhijit V. Banerjee and Andrew F. Newman, "Occupational Choice and the Process of Development", *Journal of Political Economy*, Vol. 101, No. 2, 1993.

Aghion Philippe, "A Theory of Trickle-Down Growth and Development", *The Review of Economic Studies*, Vol. 64, 1997.

Anna Lo Prete, "Economic Literacy, Inequality, and Financial Development", *Economics Letters*, Vol. 118, 2018.

Anuradha Dayal-Gulati and Aasim M. Husain, "Centripetal Forces in China's Economic Take-off", IMF Working Paper, No. 86, 2006.

Asli Demirguc-Kunt and Ross Levine, "Finance and Inequality: Theory and Evidence", NBER Working Paper, No. 15275, 2009.

Azra Dilawar Khan et al., "Financial Development and Poverty Alleviation: Time Series Evidence from Pakistan", *World Applied Sciences Journal*, Vol. 18, No. 11, 2012.

Benjamin Rosner, "The Impact Of Financial Development on Poverty in Developing Countries", *The Ucla Undergraduate Journal of Economics*, Vol. 5, 2008.

Burgess Pande, "Can Rural Banks Reduce Poverty? Evidence from the Indian Social Banking Experiment", *American Economic Review*, Vol. 2, 2005.

Charles W. Calomiris, *Emerging Financial Markets*, New York: McGraw Hill, 2011.

Congressional Budget Office, "Revenue Projections and the Stock Market", Revenue and Tax Policy Brief, No. 20, 2002.

CÉLine Gimet and Thomas Lagoarde-Segot, "A Closer Look At Financial Development and Income Distribution", *Journal of Banking & Finance*, Vol. 35, 2011.

Daron Acemoglu and James A. Robinson, "Economic Origins of Dictatorship and Democracy", London: Cambridge University Press, 2009.

David Dollar and Aart Kraay, "Growth is Good for the Poor", *Journal of Economic Growth*, Vol. 7, 2002.

Dehejia, R. and R. Gatti, "Child Labor: The Role of Income Variability and Credit Constraints Across Countries", NBER Working Paper, No. 9018, 2003.

Dong-Hyeon Kim and Shu-Chin Lin, "Nonlinearity in the Financial Development-Income Inequality Nexus", *Journal of Comparative Economics*, Vol. 39, No. 3, 2011.

Douglas Smith, "International Evidence on How Income Inequality and Credit Market Imperfections Affect Private Saving Rates", *Journal of Development Economics*, Vol. 64, 2001.

Douglas W. Diamond and Philip H. Dybvig, "Bank Runs, Deposit Insurance, and Liquidity", *Journal of Political Economy*, Vol. 91, No. 3, 1983.

Eugene F. Fama and Kenneth R. French, "Disappearing Dividends: Changing Firm Characteristics or Lower Propensity to Pay", *Journal of Financial Economics*, Vol. 14, No. 1, 2001.

Franklin Allen and Anthony M. Santomero, "Why do Financial Intermediaries do", *Journal of Banking & Finance*, Vol, 25, No. 2, 2001.

George R. G. Clark et al., "Finance and Income Inequality: What Do the Data Tell Us", *Southern Economic Journal*, Vol. 72, No. 3, 2006.

Gustavo Canavire-Bacarreza and Felix Rioja, "Financial Development and the Distribution of Income in Latin America and the Caribbean", IZADP Working Paper, No. 3796, 2008.

Hafeez Ur Rehman et al., "Income Distribution, Growth and Financial Development: A Cross Countries Analysis", *Pakistan*, Vol. 46, No. 1, 2008.

Hanan G. Jacoby and Emmanuel Skoufias, "Risk, Financial Markets, and Human Capital in a Developing Country", *Review of Economic Studies*, Vol. 64, No. 3, 1997.

Hanan G. Jacoby, "Borrowing Constraints and Progress through School: Evidence from Peru", *Review of Economics and Statistics*, Vol. 76, No. 1, 1994.

Hossein Jalilian and Colin Kirkpatric, "Financial Development and Poverty Reduction in Developing Countries", *International Journal of Finance & Economic*, Vol. 7, No. 2, 2002.

Jack Favilukis, "Inequality, Asset Returns, Stock Market Participation", *Journal of Financial Economics*, Vol. 107, 2013.

Jalilian Hossein and Kirkpatrick Colin, "Does Financial Development Contribute to Poverty Reduction", *Journal of Development Studies*, Vol. 41, No. 5, 2005.

James B. Ang, "Financial Liberalization and Income Inequality", MPRA Working Paper, No. 14496, 2009.

James B. Ang, "Finance and Inequality: The Case of India", *Southern Economic Journal*, Vol. 76, No. 3, 2010.

James Tobin, "A General Equilibrium Approach to Monetary Theory", *Journal of Money, Credit and Banking*, Vol. 1, 1969.

Jean-Marie Viaene and Itzhak Zilcha, "Capital Markets Integration, Growth and Income Distribution", *European Economic Review*, Vol. 46, 2002.

Joachim Zietz and Xiaolin Zhao, "The Short-Run Impact of The Stock Market Appreciation of the 1980s and 1990s On U. S. Income Inequality", *Quarterly Review of Economics and Finance*, Vol. 49, 2009.

Johan Rewilk, "Finance Is Good for The Poor but It Depends Where You Live", *Journal of Banking & Finance*, Vol. 37, 2013.

John A. Sondey, "Saving Capitalism from the Capitalists: Unleashing the Power of Financial Markets to Create Wealth and Spread Opportunity", *Journal of Politics*, Vol. 2, 2003.

Karl Walentin, "Earnings Inequality and the Equity Premium", *Journal of Macroeconomics*, Vol. 10, No. 1, 2010.

Kenichi Ueda, "Transitional Growth with Increasing Inequality and Financial Deepening", IMF Working Paper, No. 108, 2001.

Kiminori Matsuyama, "Endogenous Inequality", *The Review of Economic Studies*, Vol. 67, No. 4, 2000.

Kwangbin Bae et al., "Importance of Access to Finance in Reducing Income and Poverty Level", *International Review of Public Administration*, Vol. 17, No. 1, 2012.

Li Hongyi et al., "Explaining International and Intertemporal Variation in Income Inequality", *The Economic Journal*, Vol. 108, 1998.

Liang Zhicheng, "Financial Development and Income Distribution: A System GMM Panel Analysis with Application to Urban China", *Journal of Economic Development*, Vol. 31, No. 2, 2006.

Luca Agnello et al., "Financial Reforms and Income Inequality", *Economics Letters*, Vol. 116, 2012.

Manoel F. Meyer Bittencourt, "Financial Development and Inequality: Brazil 1985 – 1999", Discussion Paper, No. 06/582, 2006.

Marina C. Halac and Sergio L. Schmukler, "Distributional Effects of Crises: The Role of Financial Transfers", World Bank Policy Research Working Paper,

No. 3173, 2004.

Mauricio Larrain, "Does Financial Liberalization Contribute to Wage Inequality, The Role of Capital-skill Complementarity", Columbia Business School Research Paper, No. 12/48, 2017.

Michael Enowbi Batuo et al., "Financial Development and Income Inequality: Evidence from African Countries", MPRA Working Paper, No. 25658, 2017.

Michael S. Barr, "Microfinance and Financial Development", *Michigan Journal of International Law*, Vol. 26, 2005.

Mitali Das and Sanket Mohapatra, "Income Inequality: the Aftermath of Stock Market Liberalization in Emerging Markets", *Journal of Empirical Finance*, Vol. 10, 2003.

Muhammad Shahbaz and Faridul Islam, "Financial Development and Income Inequality in Pakistan: An Application of ARDL Approach", *Journal of Economic Development*, Vol. 36, No. 1, 2017.

M. I. Ansari, "Impact of Financial Development, Money and Public Spending on Malaysian National Income: An Econometric Study", *Journal of Asian Economics*, Vol. 13, No. 1, 2002.

Nicholas M. Odhiambo, "Financial Deepening and Poverty Reduction in Zambia: an Empirical Investigation", *International Journal of Social Economics*, Vol. 37, No. 1, 2010.

Nicholas M. Odhiambo, "Financial-Growth-Poverty Nexus in South Africa: A Dynamic Causality Linkage", *The Journal of Socio-Economics*, Vol. 38, No. 2, 2009.

Oded Galor and Jpseph Zeira, "Income Distribution and Macroeconomics", *Review of Economic Studies*, Vol. 1, 1993.

Patrick Bolton, "Distribution and Growth in Models of Imperfect Capital Markets", *European Economic Review*, Vol. 36, 1992.

Patrick Honohan, "Financial Development, Growth and Poverty: How Close Are the Links", World Bank Policy Research Working Paper, No. 3203, 2004.

Patrick Honohan, "Cross-Country Variation in Household Access to Financial Services", *Journal of Banking & Finance*, Vol. 32, No. 11, 2008.

Paul Holden and Vassili Prokopenko, "Financial Development and Poverty Alleviation Issues and Policy in Palliations for Developing and Transition Counties", IMF Working Paper, No. 01/160, 2001.

Peter Blair Henry, "Do Stock Market Liberalization Cause Investment Booms", *Journal of Financial Economics*, Vol. 58, No. 1, 2000.

Peter Quartey, "Financial Sector Development, Savings Mobilization and Poverty Reduction in Ghana", United Nations University Research Paper, No. 71, 2005.

Philip Arestis and Asena Caner, "Financial Liberalization and Poverty: Channels of Influence", The Levy Economics Institute Working Paper, No. 411, 2004.

Philippe Aghion and Patrick Bolton, "A Theory of Trickle-Down Growth and Development", *The Review of Economic Studies*, Vol. 64, 1997.

Poverty Reduction: "Can There be a Benefit without a Cost", *The Journal of Development Studies*, Vol. 47, No. 1, 2011.

Priya Ranjan, "Dynamic Evolution of Income Distribution and Credit Constrained Human Capital Investment in Open Economies", *Journal of International Economics*, Vol. 55, 2001.

Rajen Mookerjee and Paul Kalipioni, "Availability of Financial Services and Income Inequality: The Evidence from Many Countries", *Emerging*, Vol. 11, No. 4, 2010.

Raju Jan Singh and Yifei Huang, "Financial Deepening, Property Rights and Poverty: Evidence from Sub-Saharan Africa", IMF Working Paper, No. 196, 2011.

Robert M. Townsend and Ueda Kenichi, "Financial Deepening, Inequality, and Growth: A Model-Based Quantitative Evaluation", *Review of Economic Studies*, Vol. 73, No. 1, 2010.

Ross Levine, "Finance, Inequality, and the Poor", *Journal of Economic Growth*, Vol. 76, 2008.

Ross Levine, "Financial Development and Economic Growth: Views and Agenda", *Journal of Economic Literature*, Vol. 35, No. 2, 1997.

Scott L. Fulford. "The Effects of Financial Development in the Short and Long Run: Theory and Evidence from India", *Journal of Development Economics*,

Vol. 104, 2013.

Selim Akhter and Kevin J. Daly, "Finance and Poverty: Evidence from Fixed Effect Vector Decomposition", *Emerging Markets Review*, Vol. 10, 2009.

Shahidur R. Khandker, "Micro-Finance and Poverty: Evidence Using Panel Data from Bangladesh", *World Bank Economic Review*, Vol. 9, No. 2, 2005.

Shigeyuki Hamori and Yoshihiro Hashiguchi, "The Effect of Financial Deepening on Inequality: Some International Evidence", *Journal of Asian Economics*, Vol. 23, 2012.

Spiros Bougheas et al., "The Open Economy Balance Sheet Channel and the Exporting Decisions of Firms: Evidence from the Brazilian Crisis of 1999", Discussion Paper, No. 67, 2013.

Stijn Claessens and Enrico Perotti, "Finance and Inequality: Channels and Evidence", *Journal of Comparative Economics*, Vol. 35, 2017.

Stijn Claessens, "Access to Financial Services: A Review of the Issues and Public Policy Objectives", *World Bank Research Observer*, Vol. 21, 2006.

Sylviane Guillaumont Jeanneney and Kangni Kpodar, "Financial Development and Sylviane Guillaumont Jeanneney and Kangni Kpodar, "Financial Development, Financial Instability and Poverty", CSAE WPS, No. 09, 2005.

Takeshi Inoue and Shigeyuki Hamori. "How Has Financial Deepening Affected Poverty Reduction In India", IDE Discussion Paper, No. 249, 2010.

Thomas Piketty, "The Dynamics of the Wealth Distribution and the Interest Rate with Credit Rationing", *The Review of Economic Studies*, Vol. 64, No. 2, 1997.

Thorsten Beck and Ross Levine, "Stock Markets, Banks, and Growth: Panel Data", *Journal of Banking and Finance*, Vol. 28, 2004.

Thorsten Beck et al., "Big Bad Banks? The Impact of U. S. Branch Deregulation on Income Distribution", World Bank Policy Research Working Paper, No. 4330, 2007.

Thorsten Beck et al., "Finance, Inequality, and Poverty: Cross-Country Evidence", NBER Working Paper, No. 10979, 2004.

Vivien Kappel, "The Effects of Financial Development on Income Inequality and Poverty", Proceedings of the German Development Economics Conference, Vol. 4, No. 25, 2010.

Yu Ping and Wang Heng, "Cause Analysis of Financial Development on Income Gap", *Energy Procedia*, Vol. 5, 2011.

攻读博士学位期间发表的学术成果

1. 陈享光、张方波：《2011年我国宏观经济研究的最新进展》，《当代经济管理》，2012年第5期。
2. 陈享光、张方波：《2011年我国微观经济研究的最新进展》，收录于2012年《北京社会科学年鉴》。
3. 张方波：《我国农村金融抑制的经济学分析》，人大复印报刊《财政金融文摘》，2013年第2期。
4. 张方波：《我国农村金融抑制背景下金融发展与农村收入增长的相关性问题研究——基于GM分析的视角》，《兰州学刊》，2013年第2期。
5. 张方波：《我国政府支出对经济增长的动态效应研究》，《北京工业大学学报》（社会科学版），2013年第6期。
6. 张方波：《马克思主义经济学关于收入分配公平理论的新解》，《毛泽东邓小平理论研究》，2014年第2期。

索　引

C

存贷利差　35,81
存款准备金　79—81,92,152
风险分散　4,99,100

G

戈德史密斯　2,4,42,43,59,122
格利　2,40,41
股票市场　1,3,7,8,10,18,25,43,57,58,61,63,85—87,92,135—137,139,142,145,146,148—153
国债　4,27,34—36,56—58,62,72,87—92,135,138,145,149,152

H

灰色关联模型　25,68,152
货币资本　2,4,25,27,30—39,47,53,54,56,58—63,80,83,85,87,94,112,113,116,134,153,154
货币资本化　3,4,26—28,32,33,37,53—55,58,59,61,63,68—71,112—114,118,119,122,124,125,133,152,153
货币资本化载体　113,115,116,118,125,133,134,153

J

金融发展　1—6,8—32,35,37—40,42,43,45—50,54,55,58,59,61—63,68—79,81,82,85—88,92—95,100,101,103—105,110—112,116—119,121—123,125,133,136,138—142,152—156
金融功能　4,21,26,27,47,55,59,87,88,93,95,96,100,111,139,153
金融稳定　27,80
金融政策　3,45,141,153
金融资本　2—4,25—32,37—40,46,47,49,51,53,54,56,58—60,63,68,77,81,93—95,103,104,111,152,155,156

K

客观生产条件　26,27,67,101,103—107,111,138,142,148,153

L

历史演进　113,115
列宁　3,4,37—39,46,152

M

马克思 2—5,25—28,30—34,36—39, 46—50,53,54,56,58,61—63,67,68, 71,72,77,88,94,95,103—105,112, 118,137,152,155

收入差距 1—3,6—8,10—14,16—31, 37,40—46,49,58,63—65,68—72, 83,84,88,89,93,95—97,100—106, 110,111,113,114,116—118,120— 125,133—139,141,142,145,146, 148—153,155,156

收入等级 27,65,113

收入分配 1—8,10—22,25—27,30, 31,36—44,46—50,56,58,59,61— 65,67,68,72,79,82—84,88—90, 92—97,99,100,102—105,111—113, 117,122,124,125,134—137,149, 150,152—156

收入分配差距 1—3,6,8,20,26—30, 37,40,46,47,50,64,72,73,82,93, 112—114,117,118,122,125,134, 135,137,138,144,151—153,156

收入来源 27,36,66,67

斯蒂格利茨 45

X

希法亭 3,37—39,152

肖 2,41,43—45,59

信息处理 4,27,88,97—100,111

虚拟资本 2,4,25,27,28,30,31,35— 37,39,47,53,56—60,62,63,72,83, 86—89,92,94,101,103,134,135, 137—139,145,151,153,156

虚拟资本化 3,4,26—28,35,37,56— 59,61—63,68,69,71,87,88,134, 137,144,151—153,156

Z

载体 1,4,27,28,38,41,44,45,50,51, 53,59,61,62,75,78,86,90,93,95, 96,98,103,112,113,118,134,135, 137,154,156

债券市场 1,3,25,36,43,57,58,61, 85,87,88,92,135,137—139,142, 145,146,148—153

政府 10,15,17,19,23,25—27,41, 44—47,54,60,62,67,68,72—79, 81—83,85—92,102,103,112,114— 116,118,122,134,135,138,141,142, 149,152,153,155

政治经济学 5,6,19,58,152

主观生产条件 26—28,67,101,103, 105—107,110,111,138,148,153,155

资本市场 1,3,6,8,11,16,17,19,28, 33,47,55,59—63,81,85—88,94, 101,104,134—139,141,142,145, 148,151,153,156

资源配置 4,27,35,50,73,87,88,95— 97,100,111,137,153

致　　谢

本书是由笔者2014年完成的博士学位论文修订而成，原文写作时段是从2013—2014年。即将付梓之际，心绪却很复杂。既有本书出版后的轻松喜悦，更有对这本专著提供指导和资助的各位领导、老师和同人的感谢，也有对本书研究作进一步探索和完善的期待。

古语言之"饮其流者怀其源，学有成时念吾师"。首先要感谢我的博士生导师陈享光教授。从2011年9月开始，陈老师对我悉心培养和指导，并列出详细的博士生阅读书目，教育我要多看书并思考现实经济问题。回顾自己所阅读的经济学经典名著，以马克思、恩格斯的《资本论》对我影响最大，由此它也成为博士学位论文的主要理论根基。在论文艰辛的写作过程中，我进一步认识了《资本论》这部科学巨著，不仅具有强大的逻辑分析框架，而且有精湛的语言表述。从博士研究方向到本书选题、内容和结构，陈老师都倾注了大量的心血。没有他的耐心指导，博士学位论文是难以完成的，在此谨对陈老师渊博的学识、严谨的态度、崇高的师德和高尚的人格表示最诚挚、最崇高的敬意！同时，对参加我博士学位论文答辩并提供各类有价值建议意见的各位教授表示衷心的感谢，他们是时任辽宁大学校长黄泰岩教授、中国人民大学经济学院马庆泉教授、中国社会科学院经济研究所裴小革研究员、中共中央党校经济学部李省龙教授、中央财经大学经济学院杨运杰教授。

同时，要诚挚感谢中国社会科学院科研局创新工程项目的经费支持，对博士学位论文的成功出版起到非常关键的作用，以及中国社会科学出版社各位老师的指导、编辑等辛苦的付出。

  在今后的学习和工作中，我将会坚持不懈地努力回报给各位领导、老师和父母。

  是为致谢！

张方波
2020 年 7 月于北京